事业单位财务管理与内部控制研究

苏小航 张 晓 王秀娟 ◎著

图书在版编目（CIP）数据

事业单位财务管理与内部控制研究 / 苏小航, 张晓, 王秀娟著. -- 北京：中国书籍出版社, 2024.11.
ISBN 978-7-5241-0021-8
Ⅰ. F812.2
中国国家版本馆 CIP 数据核字第 2024HY6903 号

事业单位财务管理与内部控制研究
苏小航　张　晓　王秀娟　著

图书策划	邹　浩
责任编辑	吴化强
责任印制	孙马飞　马　芝
封面设计	博健时代
出版发行	中国书籍出版社
地　　址	北京市丰台区三路居路 97 号（邮编：100073）
电　　话	（010）52257143（总编室）　　（010）52257140（发行部）
电子邮箱	eo@chinabp.com.cn
经　　销	全国新华书店
印　　厂	环球东方（北京）印务有限公司
开　　本	710毫米×1000毫米　1/16
印　　张	13.75
字　　数	221千字
版　　次	2025年5月第1版
印　　次	2025年5月第1次印刷
书　　号	ISBN 978-7-5241-0021-8
定　　价	78.00元

版权所有　翻印必究

前言

《事业单位财务管理与内部控制研究》旨在深入探讨事业单位财务管理与内部控制的理论基础、现状分析、体系构建以及实际应用。随着我国经济的快速发展和事业单位改革的深入推进，财务管理和内部控制在事业单位中的重要性愈加凸显。科学合理的财务管理不仅是保障事业单位资金安全和有效使用的基础，更是提升单位整体管理水平、确保事业单位目标顺利实现的重要手段。而有效的内部控制作为财务管理的重要组成部分，能够帮助事业单位防范风险、提高资源配置效率，从而推动单位的持续健康发展。

本书在梳理财务管理与内部控制理论发展脉络的基础上，结合我国事业单位的实际情况，分析了当前财务管理中存在的主要问题与挑战，并探讨了内部控制在事业单位财务管理中的实施现状及其优化路径。通过对财务管理与内部控制的关系、预算管理与内部控制、资金管理与内部控制、财务信息管理与内部控制等多个方面的深入研究，本书提出了完善事业单位财务管理与内部控制体系的对策建议，以期为事业单位在复杂多变的外部环境中，构建科学有效的管理机制提供理论依据和实践指导。

本书的研究不仅具有理论意义，更具备实际应用价值。通过系统地分析和探讨，力求为事业单位的管理者提供有力的理论支持和操作指南，以实现财务管理的规范化、科学化，推动事业单位更好地履行其社会职能。在当前事业单位改革深化的背景下，深入研究财务管理与内部控制问题，能够为促进事业单位治理体系和治理能力现代化提供重要的理论和实践参考。

目 录

第一章　财务管理与内部控制的理论基础 …………………… 1

第一节　财务管理的基本概念与内涵 ………………………… 1
第二节　内部控制的基本概念与作用 ………………………… 14
第三节　财务管理与内部控制的关系 ………………………… 26
第四节　财务管理与内部控制的理论发展 …………………… 38

第二章　事业单位财务管理现状分析 ………………………… 49

第一节　事业单位财务管理的现行制度 ……………………… 49
第二节　事业单位财务管理中的主要问题 …………………… 61
第三节　内部控制在财务管理中的应用现状 ………………… 74
第四节　事业单位财务管理的外部环境分析 ………………… 84

第三章　内部控制体系的构建与优化 ………………………… 91

第一节　内部控制体系的构成要素 …………………………… 91
第二节　内部控制体系的设计原则 …………………………… 99
第三节　内部控制在不同财务环节中的应用 ………………… 104
第四节　内部控制体系的优化策略 …………………………… 111

第四章　事业单位预算管理与内部控制 ……………………… 118

第一节　预算管理的基本流程 ………………………………… 118
第二节　预算管理中的内部控制要求 ………………………… 124
第三节　预算执行中的风险与控制措施 ……………………… 131

第四节　预算管理与绩效考核的结合 …………………………… 137

第五章　事业单位资金管理与内部控制 …………………………… 144

第一节　资金管理的基本内容 …………………………………… 144
第二节　资金管理中的内部控制要点 …………………………… 151
第三节　资金管理的风险识别与防控 …………………………… 158
第四节　资金管理的信息化与现代化 …………………………… 166

第六章　事业单位财务信息管理与内部控制 ……………………… 174

第一节　财务信息的收集与处理 ………………………………… 174
第二节　财务信息系统中的内部控制 …………………………… 182
第三节　财务报告的编制与披露 ………………………………… 189
第四节　财务信息管理的挑战与对策 …………………………… 197

结　　语 …………………………………………………………………… 208

参考文献 …………………………………………………………………… 210

第一章 财务管理与内部控制的理论基础

第一节 财务管理的基本概念与内涵

一、财务管理的定义

财务管理是指对组织的资金活动进行规划、组织、协调和控制,以实现资金的有效配置和使用,从而最大化组织的经济价值,确保其长期稳定发展。

(一)财务管理的基本概念

财务管理是指对企业、机构或其他经济主体的资金活动进行规划、组织、协调和控制的过程,其核心目标是通过科学的财务决策和管理活动,实现资本的有效配置和使用,从而最大化经济主体的价值[①]。在经济活动中资金是企业运营的血液,财务管理就是保证这股血液能够在企业内部高效流动,确保企业能够持续运作并实现长期发展目标。财务管理不仅仅是简单的资金筹措和使用,更是涉及企业整体经营战略的一个重要环节。

财务管理的基本概念不仅限于对资金的管理,还包括对企业财务状况的全面分析和把控。企业的财务状况由多种因素决定,如现金流、资产负债结构、利润分配等,而财务管理的职责就是通过对这些因素的分析与管理,确保企业能够在市场中保持良好的竞争力和稳定的盈利能力。财务管理的最终目标是提升企业的市场价值,这不仅需要科学的财务规划,还需要对市场环境的敏锐把握和对企业内部资源的高效配置。

财务管理的基本概念涵盖了对资金的筹集、使用、分配以及对财务活动的全

---

① 冯勋. 内部控制制度在事业单位财务管理中的应用 [J]. 经济与社会发展研究,2023(25):41-43.

面监控与决策。它是企业经营活动中不可或缺的组成部分，通过系统的财务管理，企业可以更好地掌控自身的财务健康状况，预见和应对市场风险，从而实现既定的战略目标。财务管理不仅是一门科学，更是一门艺术，要求管理者具备高度的专业知识和敏锐的判断力。具体流程图如图 1-1 所示。

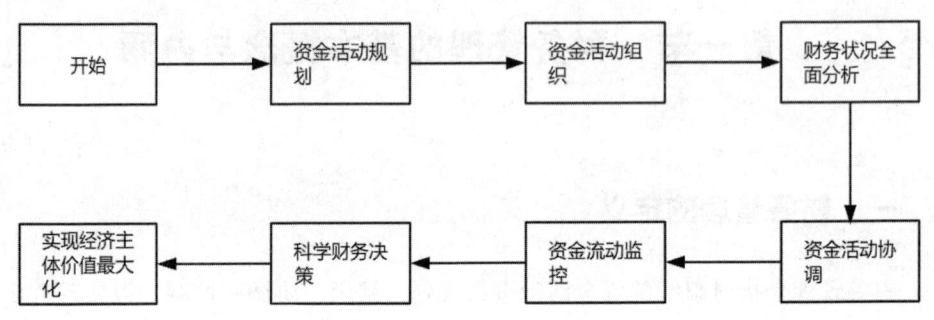

图 1-1　财务管理流程图

（二）财务管理的历史演变

财务管理的发展历史反映了经济环境和企业经营模式的不断演进。早期财务管理的核心任务是确保企业的生存，这一时期的财务管理更多的是关注企业如何通过融资和保持现金流来维持运营。财务管理的主要内容集中在短期资金的筹集和流动性管理上，这种管理方式在早期市场经济不发达的背景下具有其合理性和必要性。

随着工业革命的推进和资本市场的逐步成熟，企业规模不断扩大，经营活动日趋复杂，财务管理的内容也随之扩展。19 世纪末和 20 世纪初，企业开始重视长期投资和资本结构的管理，这标志着财务管理从单纯的资金管理逐步转向战略管理。这一时期财务管理的发展受到现代管理理论的影响，资本预算、成本控制、利润分配等内容开始成为财务管理的重要组成部分，企业开始在财务决策中引入更多的科学方法和分析工具。

进入 20 世纪中后期全球化的加速和信息技术的普及进一步推动了财务管理的进步。现代财务管理更加注重风险管理、资本成本和股东价值最大化等内容，企业的财务管理已经不再局限于内部管理，而是融入企业的整体战略之中。当前，财务管理正向着更加专业化和智能化的方向发展，利用大数据和人工智能技术，企业能够更精确地预测市场变化，优化财务决策，实现企业价值的持续提升。

（三）财务管理的主要内容

财务管理的主要内容涵盖了企业资金的筹集、使用、分配以及财务分析与控制等方面，贯穿了企业经营的各个环节。资金管理是财务管理的核心任务之一，涉及如何通过合理的融资渠道获取资金，并确保资金的高效使用。资金管理不仅要考虑到短期的流动性需求，还要平衡长期的资本结构，以支持企业的可持续发展。资金管理的目标是优化资本结构，降低融资成本，确保企业在激烈的市场竞争中具有足够的资金支持。

财务管理还包括预算管理和成本控制。预算管理是通过对企业未来经营活动的详细规划和预测，合理安排各项资源和资金的使用，从而实现企业的战略目标。而成本控制则是通过对企业生产、运营和管理等环节的成本进行监督和控制，最大限度地减少不必要的开支，提高企业的经济效益。有效的预算管理和成本控制是企业实现利润最大化的关键环节，也是企业在市场中保持竞争力的重要手段。

财务分析与决策是财务管理的重要组成部分。通过对财务报表和其他相关数据的分析，企业可以全面了解自身的财务状况和经营成果，为未来的经营决策提供科学依据。财务决策不仅影响企业的短期盈利能力，更对其长期发展有着深远的影响。财务管理在企业中的作用不仅是保障资金流的畅通，更是通过科学的分析与决策，为企业的发展方向提供指导。具体企业财务管理的主要内容如表1-1所示。

表1-1 企业财务管理的主要内容

序号	财务管理内容	主要任务	目标与作用
1	资金管理	筹集、使用、分配资金	优化资本结构，降低融资成本，确保资金流动性和长期稳定性
2	预算管理	规划和预测未来经营活动	合理分配资源，实现企业战略目标
3	成本控制	监督和控制生产、运营和管理环节的成本	减少不必要的开支，提高经济效益，保持市场竞争力
4	财务分析与决策	分析财务报表和相关数据	提供科学依据，支持经营决策，影响短期盈利和长期发展

（四）财务管理的现实意义

财务管理在现代企业中具有极其重要的现实意义，它不仅是企业实现经济效益的基础保障，也是企业应对复杂市场环境和不断变化的经济形势的重要手段。财务管理通过优化资金配置和使用，提高了企业的资金利用效率，帮助企业在市场竞争中占据有利位置。合理的财务管理可以有效降低企业的融资成本，提高资金的回报率，进而增强企业的盈利能力和市场竞争力。

财务管理在企业战略决策中扮演着重要角色，通过科学的财务分析与预测，企业可以更准确地把握市场机会，规避潜在风险。财务管理为企业的经营决策提供了重要的数据支持和参考依据，使企业能够在复杂多变的市场环境中做出明智的战略选择。财务管理在成本控制和利润分配方面也起到了重要作用，确保企业在追求利润最大化的同时，能够实现可持续发展。

财务管理还具有重要的社会意义。在市场经济条件下，企业不仅是经济利益的追求者，也是社会责任的承担者。通过健全的财务管理体系，企业可以更好地履行社会责任，保持良好的社会信誉。财务管理还可以促进企业的透明度和规范化管理，防范财务风险，维护市场秩序。财务管理不仅是企业内部管理的重要环节，也是企业与社会、市场之间互动的桥梁，其现实意义已远超出传统的经济范畴。

二、财务管理的目标

财务管理的目标旨在通过优化资金运作，实现组织的经济效益和战略目标。它关注利润最大化，通过科学的财务决策提高资金使用效率。财务管理重视风险控制，确保财务活动的安全性和合规性。财务管理目标还包括股东财富最大化和企业价值最大化，以提升市场竞争力和长期可持续发展能力。通过有效的财务管理，企业可以在实现经济效益后履行社会责任，推动社会公平和进步。

（一）财务管理目标的确立

财务管理目标的确立是企业实现经济效益和战略发展的重要前提。财务管理目标的确立需要考虑企业的长期战略、市场环境以及利益相关者的需求，是企业制定财务政策和进行财务决策的核心指导原则。合理的财务管理目标能够帮助企业在复杂多变的市场环境中保持竞争优势，实现可持续发展。

在确立财务管理目标时，企业需要从内部和外部两个角度进行全面分析。从内部来看，企业的财务管理目标应当与其经营战略、组织结构和发展阶段相匹配。不同的企业在不同的发展阶段，其财务管理目标会有所不同。例如处于初创阶段的企业更加注重现金流和资本积累，而成熟企业则更关注利润最大化和股东价值提升。从外部来看，市场环境、行业竞争以及法律法规等外部因素也对财务管理目标的确立产生重要影响。企业必须根据这些外部条件，动态调整财务管理目标，以适应市场变化[①]。

财务管理目标的确立是一个系统性、动态性的过程。企业需要在明确自身战略目标的基础上，结合市场环境和外部因素，合理制定财务管理目标。这一目标既要符合企业的长远利益，又要兼顾短期的财务稳定性和风险控制，从而确保企业在复杂多变的市场环境中实现持续稳健的发展。

（二）财务管理目标的类型

财务管理目标的类型多种多样，通常可以分为利润最大化、股东财富最大化、企业价值最大化以及社会责任目标等几种类型。不同类型的财务管理目标反映了企业在不同阶段、不同市场环境下的经营重点和战略方向，这些目标不仅影响企业的财务决策，也决定了企业在市场中的竞争地位和发展路径。

利润最大化是传统的财务管理目标，强调通过增加收入和减少成本来实现企业的经济效益。这一目标往往忽略了企业的长期发展和风险控制，容易导致短视行为。股东财富最大化更加关注股东权益的提升，通过股价上涨和股息分配来实现股东利益的最大化。这一目标考虑了时间价值和风险因素，更加注重企业的可持续发展和长期回报。企业价值最大化则是从整体上提升企业的市场价值，涵盖了股东财富最大化的内容，但更强调企业在市场中的长期地位和竞争力，关注企

---

① 邬芳炜. 关于事业单位财务管理内部控制的实施及相关问题的研究 [J]. 中文科技期刊数据库（全文版）经济管理，2023（3）：3.

业的持续成长性和创新能力。社会责任目标则反映了企业在追求经济效益时也关注社会效益和公共利益，体现了现代企业对社会责任的重视。

财务管理目标的类型多元化反映了企业在不同发展阶段和市场环境下的战略选择。企业需要根据自身的经营特点和外部环境，选择合适的财务管理目标，并在此基础上制定相应的财务政策和管理措施，以实现企业的可持续发展和综合价值提升。

（三）财务管理目标的权衡

在实际财务管理中不同财务管理目标之间往往存在一定的冲突和矛盾，企业必须在这些目标之间进行合理的权衡，以达到最佳的管理效果。这种权衡不仅涉及短期与长期利益之间的平衡，也包括股东利益与其他利益相关者之间的协调，以及经济效益与社会责任之间的兼顾。

企业需要在短期利润最大化与长期价值最大化之间进行权衡。短期利润最大化通常要求企业在经营中采取更为激进的策略，例如加大销售力度、削减成本等。过度追求短期利润会忽视企业的长期投资和可持续发展，导致企业在未来竞争中失去优势。长期价值最大化则要求企业关注长期战略规划和可持续发展，通过稳健的财务管理和创新能力的提升，确保企业在市场中的长期竞争力。企业必须在短期收益和长期发展之间找到一个平衡点，既要确保当前的盈利能力，又要为未来的发展奠定基础。

企业在股东利益与其他利益相关者之间也需进行权衡。尽管股东财富最大化是许多企业的主要目标，但企业的成功往往依赖于多方利益相关者的支持，包括员工、客户、供应商以及社会公众。企业在追求股东利益时也应关注其他利益相关者的需求，通过建立良好的企业文化、提高员工福利、履行社会责任等措施，构建和谐的利益关系，促进企业的长期健康发展。

财务管理目标的权衡是一个复杂的过程，企业必须在多种利益诉求之间进行平衡，以实现财务管理的整体优化。通过科学的财务决策和管理策略，企业可以在多种财务管理目标之间找到最佳的平衡点，实现经济效益与社会效益的双重提升。

（四）财务管理目标的实现路径

财务管理目标的实现路径是指企业通过一系列财务活动和管理措施，逐步达成既定的财务管理目标的过程。为了有效实现财务管理目标，企业需要制定科学的财务策略，优化资金配置，强化财务控制，并通过持续的监控与调整，确保财务管理目标能够顺利达成。

科学的财务决策是实现财务管理目标的基础。企业在制定财务策略时，应充分考虑市场环境、行业特点和自身条件，结合财务分析与预测，做出合理的资金筹措、投资和分配决策。通过优化资本结构、合理配置资源，企业可以最大限度地提高资金使用效率，降低财务风险，实现财务管理目标。企业还应建立健全的风险管理机制，及时识别和应对财务风险，确保财务活动的安全性和稳定性。

强化财务控制是确保财务管理目标实现的重要手段。财务控制包括预算管理、成本控制和内部审计等多个方面，通过严格的财务控制，企业可以有效防范财务风险，确保资金的合理使用。预算管理通过对未来经营活动的详细规划和监督，确保企业各项财务活动与财务管理目标的一致性。成本控制则通过优化生产和运营流程，降低不必要的开支，提升企业的盈利能力。内部审计作为财务控制的重要环节，可以帮助企业发现并纠正财务管理中的问题，确保财务活动的合规性和有效性。

持续的监控与调整是财务管理目标实现的保障。在财务管理过程中企业需要对财务活动进行持续的监控，及时发现偏差并进行调整。通过定期的财务分析和评估，企业可以掌握财务管理目标的进展情况，及时调整财务策略和管理措施，确保财务管理目标的顺利实现。企业还应通过信息化手段提升财务管理的精确度和效率，为实现财务管理目标提供技术支持。

财务管理目标的实现路径是一个系统性、动态性的过程，企业需要通过科学的决策、严格的控制和持续的监控，确保财务管理目标能够顺利达成，从而实现企业的长期发展和价值提升。

三、财务管理的核心要素

财务管理的核心要素包括资金管理、预算管理、资产管理和财务信息管理。

资金管理确保企业资金的有效筹集和使用，优化资本结构以降低成本和风险。预算管理通过科学规划和控制资源，实现战略目标。资产管理关注资产的配置、维护和增值，确保资产的安全性和流动性。财务信息管理则保证财务数据的准确性和及时性，为决策提供可靠依据。这些要素共同构成了财务管理的基础，支持企业的稳健运营和持续发展。

（一）资金管理

资金管理是财务管理的核心要素之一，关系到企业的生存和发展。企业在日常运营中，需要通过科学合理的资金管理，确保资金的有效筹集、使用和分配，从而支持企业的各项经营活动，并实现财务目标。资金管理的主要任务是通过优化企业的资本结构，确保资金的流动性和安全性，最大限度地降低融资成本和财务风险。

资金管理的首要任务是合理筹集资金。企业应根据自身的经营需求和市场环境，选择合适的融资渠道和融资方式，如发行股票、债券或通过银行贷款等。通过科学的资金筹集策略，企业可以获得足够的运营资金，并在资本市场中保持一定的竞争优势。企业在筹集资金时应充分考虑成本与风险的平衡，选择最优的融资结构，避免因过度负债或股权稀释而导致的财务困境。

资金管理还包括对资金使用的有效控制。企业应通过合理的资金预算和计划，确保资金高效利用，避免资金浪费和闲置。在资金的具体使用过程中，企业需要严格监控资金流动，确保各项资金投入能够带来预期的收益。企业应建立健全内部控制制度，通过定期的财务审计和监督，防范资金管理中的风险，确保资金的安全性和有效性。

资金管理是企业财务管理的重要组成部分，其目标是通过科学合理的资金筹集、使用和分配，确保企业在市场竞争中保持资金的充足性和流动性，降低财务风险，实现财务管理目标的最优化。通过有效的资金管理，企业可以提高资金使用效率，增强市场竞争力，实现长期可持续发展。

（二）预算管理

预算管理是企业财务管理的重要工具，是企业对未来经营活动进行系统规划和控制的关键手段。通过预算管理，企业能够合理配置资源，明确经营目标，并对各项业务活动进行有效的财务控制，从而确保财务管理目标的实现。预算管理不仅是企业内部控制的重要组成部分，也是企业外部融资和资本运作的重要依据。

预算管理的核心在于对企业未来收入、支出、利润等各项财务指标的合理预测和规划。企业在制定预算时，应充分考虑市场环境、经营战略和资源状况，确保预算的科学性和可行性。通过预算编制，企业可以将战略目标转化为具体的行动计划，并将其细化到各个业务部门和环节，确保每一笔资金的使用都有明确的目标和依据。预算管理还可以帮助企业合理安排资金流动，确保资金的高效使用和流动性，避免出现资金短缺或闲置的情况。

在预算执行过程中企业应加强对预算的跟踪和控制，及时发现并纠正执行中的偏差。预算管理不仅仅是对预算编制的执行，更是一个动态调整的过程。企业应根据市场变化和经营情况，灵活调整预算计划，确保预算执行的有效性和灵活性。企业应通过定期的预算分析和评估，了解预算执行的实际效果，发现存在的问题，并及时采取措施进行调整，以确保预算目标的实现。

预算管理是企业实现财务管理目标的重要手段，通过科学的预算编制和严格的预算控制，企业可以优化资源配置，提升资金使用效率，确保各项经营活动的顺利开展和财务目标的实现。预算管理不仅是企业内部管理的核心工具，也是企业实现长期战略目标的重要保障。

（三）资产管理

资产管理是财务管理的关键环节，直接关系到企业的经济效益和财务稳定性。企业的资产包括流动资产、固定资产和无形资产等多种形式，通过科学的资产管理，企业可以最大限度地发挥各类资产的经济效益，确保资产的安全性和流动性，提高企业的市场竞争力和财务绩效。资产管理的核心任务是通过优化资产配置，降低资产管理成本，提高资产利用率，实现企业的财务目标。

企业在资产管理中首先需要合理配置和管理各类资产。通过科学的资产配置，企业可以在保证生产经营需要时避免资产的闲置和浪费，提高资产的使用效率。对于固定资产，企业应进行定期的维护和更新，确保设备和设施正常运转，避免因设备老化或损坏而导致生产中断或效率下降。对于流动资产，企业应加强对库存、应收账款等的管理，确保资产的流动性，降低资金占用成本。

资产管理还涉及资产的增值和风险控制。企业应通过合理的投资和创新活动，提升资产的价值，实现资产的保值增值。企业应重视资产管理中的风险，特别是对于无形资产和金融资产的管理，应采取有效的风险控制措施，防范市场波动和政策变化带来的风险。通过有效的风险管理，企业可以减少资产损失，确保资产的安全性和稳定性。

资产管理是企业财务管理的重要组成部分，通过科学的资产配置、维护和增值管理，企业可以提高资产利用效率，降低管理成本，实现资产的保值增值。有效的资产管理不仅能够提升企业的财务绩效，还可以增强企业的市场竞争力，确保企业在复杂多变的市场环境中保持稳健发展。

（四）财务信息管理

财务信息管理是现代企业财务管理的重要内容，是企业实现科学决策和有效控制的基础。随着信息技术的发展，财务信息管理的重要性日益凸显。财务信息管理的核心任务是通过建立高效、准确的财务信息系统，为企业的财务决策、预算管理和财务控制提供可靠的数据支持。财务信息的及时性、准确性和完整性是企业财务管理的基础，也是企业提升财务管理水平的重要保障。

在财务信息管理中企业首先需要建立完善的财务信息系统，确保财务数据的采集、处理和存储的准确性和安全性。现代企业通过信息化手段，整合财务数据，形成全面的财务信息网络，为企业管理层提供及时、准确的财务信息。通过财务信息系统，企业可以实现对资金流、成本、利润等财务指标的实时监控，及时发现和解决财务管理中的问题，提高财务管理的效率和效果。

财务信息管理不仅仅是数据的管理，更是企业决策支持的重要工具。通过对财务信息的分析和处理，企业可以全面了解财务状况和经营成果，识别潜在的财务风险，为企业的战略决策提供科学依据。财务信息管理还可以帮助企业优化资源配置，提高资金使用效率，降低运营成本，增强市场竞争力。通过财务信息的有效管理，企业可以更加精准地把握市场机会，制定科学的经营策略，实现财务管理目标。

财务信息管理是企业实现科学管理和高效运营的重要保障。通过建立高效、准确的财务信息系统，企业可以全面提升财务管理水平，确保财务决策的科学性和准确性。财务信息管理也是企业防范财务风险、提高市场竞争力的重要手段，是现代企业管理中不可或缺的一部分。

四、事业单位财务管理的特殊性

事业单位财务管理具有独特的特殊性，主要体现在法律基础、公益属性、预算约束和透明性要求等方面。事业单位财务管理必须严格遵守国家相关法律法规，确保公共资金的安全和有效使用。事业单位以社会效益为导向，其财务管理目标不仅关注经济效益，更强调社会责任。预算约束也是其一大特点，事业单位的资金主要来源于财政拨款，必须严格按照预算执行，防止超支和资金浪费。透明性要求事业单位定期公开财务信息，接受公众和审计机构的监督，确保财务活动的公开、公正和透明。

（一）事业单位财务管理的法律基础

事业单位财务管理的法律基础是保障公共资金安全、有效使用的重要前提。作为公共部门的一部分，事业单位的财务管理必须严格遵守国家相关法律法规，这些法律法规为事业单位的财务活动提供了基本的规范和约束。通过健全的法律体系，国家确保了事业单位财务管理的规范性、透明性和责任性，防止公共资源的浪费和滥用。

事业单位的财务管理受到多部法律法规的制约，包括《预算法》《会计法》等，这些法律明确规定了事业单位的财务管理原则、财务责任以及财务活动的具体要求。事业单位在执行财务管理时，必须严格遵守这些法律规定，确保财务活动的合法合规。法律基础不仅规范了事业单位的财务行为，也为其提供了法律保护，确保事业单位在财务管理中的合法权益。

法律基础还要求事业单位的财务管理具有高度的透明性和责任性。法律规定，事业单位的财务信息必须定期向社会公开，接受社会公众和审计机构的监督。这种透明性要求不仅有助于提升事业单位的公信力，也有助于提高财务管理的质量和效率，防止腐败和财务违规行为的发生。通过健全的法律体系，国家确保了事业单位财务管理的公开、公正和透明，保障了公共资金的安全和有效使用。

法律基础是事业单位财务管理的核心保障，通过严格的法律约束，国家确保了事业单位财务管理的规范性、透明性和责任性。这不仅有助于提升事业单位的财务管理水平，也为公共资金的安全和有效使用提供了坚实的法律保障。

（二）事业单位财务管理的公益属性

事业单位财务管理的公益属性是其区别于企业财务管理的显著特点。作为公共服务的提供者，事业单位的财务管理不仅要考虑经济效益，还必须兼顾社会效益和公共利益。这种公益属性决定了事业单位的财务管理目标、管理方式以及资金使用的导向，要求其在财务管理中始终坚持以社会效益为核心，确保公共资源的合理配置和有效使用。

事业单位的公益属性体现在其财务管理目标上。与企业追求利润最大化不同，事业单位的财务管理目标更多地关注公共服务的质量和覆盖面，强调社会效益的最大化。事业单位通过提供公共服务，满足社会成员的基本需求，促进社会公平和进步。在财务管理中，事业单位必须优先保障公共服务资金的充足和有效使用，确保公共服务的可持续性和普惠性。

公益属性还影响了事业单位的财务管理方式。由于事业单位的资金主要来源于财政拨款和社会捐赠，其财务管理方式必须符合公共资金的使用要求，确保资金的使用符合国家政策和社会期望。事业单位在财务管理中应建立健全的内部控制制度，确保资金的安全性和透明性，防止资金的浪费和滥用。事业单位应重视财务管理的绩效评估，通过科学合理的绩效考核机制，确保财务资源的合理配置和高效使用。

公益属性是事业单位财务管理的核心特征，它决定了事业单位财务管理的目标和方式。事业单位在财务管理中必须坚持社会效益优先的原则，通过科学的管理和合理的资金使用,确保公共资源的最大化利用,为社会提供优质的公共服务,实现社会公平和进步。

(三) 事业单位财务管理的预算约束

预算约束是事业单位财务管理的一个重要特征,也是其区别于企业财务管理的重要方面。事业单位的资金主要来源于政府拨款和社会捐赠,其财务管理必须严格按照预算进行。预算约束确保了事业单位的资金使用规范性和透明性,防止资金浪费和财务违规行为的发生。

事业单位的预算管理必须符合国家相关法律法规的规定,确保预算的编制、审批和执行过程中的公开透明。在预算编制过程中,事业单位需要根据国家政策、社会需求和单位的实际情况,科学合理地预测收入和支出,并将其细化到各项具体的业务活动中。预算的编制不仅是事业单位财务管理的基础,也是其实现财务管理目标的重要保障。

(四) 事业单位财务管理的透明性要求

透明性要求是事业单位财务管理的核心原则之一,也是其区别于企业财务管理的重要特征。作为公共资源的管理者,事业单位必须确保财务活动的公开透明,接受社会公众和审计机构的监督。这种透明性不仅有助于提升事业单位的公信力和社会责任感,也有助于提高财务管理的质量和效率,防止腐败和财务违规行为的发生。

事业单位的财务透明性要求体现在多个方面。事业单位必须定期公开财务信息,包括预算执行情况、财务报表和审计报告等。这些信息的公开不仅是对社会公众的责任,也是保障公共资金使用安全和有效的重要手段。通过财务信息的公开,社会公众和监督机构可以及时了解事业单位的财务状况和资金使用情况,确保财务管理的公开、公正和透明。

透明性要求事业单位在财务管理中建立健全的内部控制制度。通过严格的内部控制,事业单位可以有效防范财务风险,确保资金的合理使用。内部控制制度的核心是确保各项财务活动有章可循,资金流动透明可查,任何异常或违规行为都能够及时发现并纠正。这不仅有助于提升财务管理的质量，也为事业单位的持续发展提供了保障。

透明性要求事业单位在财务管理中加强社会监督和公众参与。通过建立公开透明的财务管理机制，事业单位可以增强社会公众的信任，提升自身的社会责任感和公信力。公众的参与和监督也可以帮助事业单位及时发现财务管理中的问题，提供改进建议，促进财务管理水平的不断提升。

透明性要求是事业单位财务管理的核心原则，通过财务信息的公开、严格的内部控制和社会监督，事业单位可以确保财务活动的公开、公正和透明，防止腐败和财务违规行为的发生，为社会提供高质量的公共服务，实现社会效益的最大化。

第二节 内部控制的基本概念与作用

一、内部控制的定义

内部控制是指组织在其管理过程中为实现特定目标而制定的一系列政策、程序和措施。这些控制机制旨在保障资产的安全、提高工作效率、确保财务报告的可靠性，以及遵守相关法律法规。内部控制贯穿于组织的各项业务和管理活动，通过风险评估、控制环境、控制活动、信息沟通和监督反馈五个要素来减少风险，提高组织的管理效能。它不仅限于财务管理，还涵盖整体业务流程和合规管理，是现代组织管理体系中的重要组成部分。

（一）内部控制的概念解析

内部控制是指组织为了实现其目标，在管理过程中设置的一系列政策、程序和措施，用以保障资产的安全、提高工作效率、确保财务报告的可靠性以及遵守相关法律法规。内部控制贯穿于组织的各项业务和管理活动，旨在减少风险并提高组织的管理效能。

内部控制的概念经历了长期的发展与完善。从最初的以防止和发现欺诈为主的简单控制手段，逐步演变为一个全面而系统的管理工具。现代的内部控制不仅关注财务信息的准确性，还强调管理信息的真实性、操作的效率性以及组织内部的合规性。随着组织规模的扩大和经营环境的复杂化，内部控制的概念逐渐扩展到所有管理层面，成为组织管理中不可或缺的一部分。

内部控制的概念解析为理解内部控制的作用和意义提供了理论基础。在实际操作中，内部控制帮助组织识别和评估潜在风险，制定相应的控制措施，从而在保障组织目标实现的过程中提供重要支持。有效的内部控制不仅能提高组织的经营管理水平，还能增强其抗风险能力，为组织的长期可持续发展奠定基础。清晰理解内部控制的概念对于组织的管理者和员工都是至关重要的。具体内部控制的概念及其发展与作用如表 1-2 所示。

表 1-2　内部控制的概念及其发展与作用

序号	内部控制要素	描述	作用与意义
1	定义	为实现组织目标而设置的政策、程序和措施	保障资产安全、提高工作效率、确保财务报告可靠性、遵守法律法规
2	涵盖范围	财务管理、业务流程、合规管理	减少风险，提高管理效能
3	发展历程	从简单的防欺诈手段到全面的管理工具	强调财务信息准确性、管理信息真实性、操作效率和合规性
4	现代意义	融入所有管理层面	提高组织管理水平，增强抗风险能力，支持长期可持续发展
5	实际作用	帮助识别和评估风险，制定控制措施	提供实现组织目标的支持，保障经营管理的有效性

（二）内部控制的理论基础

内部控制的理论基础是其设计和实施的依据。它源于多个学科的融合，包括管理学、会计学、风险管理以及控制论等。通过这些学科的理论支持，内部控制逐渐发展成为一套系统的管理工具。控制论提供了关于系统控制和反馈机制的基本理论，使得内部控制可以有效应对复杂的组织环境。风险管理理论则强调对潜在风险的识别、评估和应对，是内部控制设计的重要依据。

内部控制的理论基础奠定了其在组织管理中的核心地位。管理学中的组织行为理论为内部控制提供了管理架构的理论支持，使得内部控制不仅仅是技术层面的防范手段，更是整体管理流程中的一个重要环节。会计学中的审计理论为内部控制提供了关于财务信息准确性和透明度的理论依据，这使得内部控制不仅关注操作层面的控制，还涵盖了财务报表的准确性和信息披露的完整性。

通过这些理论基础的支持，内部控制在组织中的应用不仅限于财务领域，还扩展到整个管理体系中，成为组织实现战略目标的重要工具。无论是在应对外部环境变化，还是在优化内部管理流程，内部控制都发挥着至关重要的作用。了解内部控制的理论基础，不仅有助于提高其设计和实施的科学性，还能增强管理者在不同环境下灵活运用内部控制的能力。

（三）内部控制的演变过程

内部控制的发展历程体现了其从简单到复杂、从单一到全面的逐步演变过程。最初，内部控制主要是为了防止和发现错误与舞弊，重点在于财务报表的准确性和资产的安全性。随着管理需求的变化和外部环境的复杂化，内部控制逐渐扩展到对组织整体运营效率和法律合规性的保障，形成了一个更加全面的管理工具。

在20世纪中叶随着企业规模的扩大和经营活动的多样化，内部控制的范围和内容发生了显著变化。美国的《萨班斯-奥克斯利法案》（SOX法案）在21世纪初的颁布，标志着内部控制进入了一个新的发展阶段。这一法律要求上市公司对其内部控制的有效性进行严格的评估和披露，进一步推动了内部控制在企业中的全面实施和发展。此时的内部控制不仅要关注财务数据的准确性，还要关注整个管理流程的有效性和合规性。

现代内部控制已成为组织管理中不可或缺的一部分，其演变过程反映了管理科学的发展和企业治理需求的变化。内部控制的内容涵盖了风险管理、运营效率、法律合规等多个方面，成为组织实现战略目标和确保长远发展的重要保障。理解内部控制的演变过程，有助于更好地认识其在组织管理中的作用，进而优化内部控制的设计与实施，使其更加适应现代管理的需求。

(四) 内部控制的适用范围

内部控制的适用范围涵盖了组织的各个层面，从财务管理到运营流程，从战略决策到合规管理，几乎无所不包。作为组织管理的重要工具，内部控制不仅在大型企业中得到了广泛应用，在中小型企业、非营利组织、事业单位乃至政府机构中也发挥着重要作用。其目标是在各个管理环节中建立起有效的控制机制，保障组织资源的合理配置和有效使用。

在企业管理中内部控制通常涵盖资金的管理、资产的保护、运营的效率以及财务报告的可靠性等多个方面。尤其在现代企业中内部控制还被用于防范信息技术带来的风险，如数据泄露和系统失效。在事业单位和政府机构中，内部控制的重点则在于确保预算的合理使用和财务信息的透明度，以满足公共利益和社会责任的要求。无论在哪种组织中，内部控制的核心都是通过一系列政策和程序来降低风险、提高效率[1]。

内部控制的适用范围不仅广泛，而且随着管理需求的变化不断扩展。它不仅适用于传统的财务领域，还渗透到组织的各个管理环节，成为确保组织目标顺利实现的重要保障。现代管理要求内部控制在所有业务流程中发挥作用，通过不断优化和调整控制措施，适应复杂多变的经营环境。内部控制的适用范围不仅局限于财务管理，而是延伸到整个组织管理的各个方面，为组织的持续发展提供了强有力的支持。

二、内部控制的目标

内部控制的目标主要包括，确保财务信息的真实性和准确性，以提供可靠的决策依据，这是组织内部管理和外部报告的重要基础。提高经营效率与效果，通过优化流程和控制活动，减少资源浪费，提高生产率，确保组织目标的实现。内部控制还致力于保障资产的安全性，防止资产被盗、滥用或流失。促进法律法规的遵循，确保组织在各项经营活动中符合法律要求，防范合规风险，从而维护组

---

[1] 张艳. 基于内部控制的事业单位财务管理体制改革研究 [J]. 中国管理信息化, 2023, 26 (19)：60-63.

织的合法性和社会声誉。

（一）保障财务信息的真实性

保障财务信息的真实性是内部控制的首要目标之一。真实、准确的财务信息不仅是组织内部决策的基础，也是对外披露财务状况的核心内容。对于任何组织而言，财务信息的真实性关系到其管理效率、投资者信心以及社会公众对其的信任程度。通过有效的内部控制，可以确保财务数据在记录、处理和报告过程中不出现错误或舞弊，从而提高财务信息的可靠性和透明度。

内部控制通过设立严格的会计制度和财务流程，防止财务信息在输入、处理、存储和传递过程中出现篡改或疏漏。例如通过对不同岗位设置职责分离、进行定期审计、以及对重要财务操作进行授权审批等措施，可以有效防范和发现财务信息的失真或舞弊行为。内部控制还通过对财务系统的安全性管理，防止外部人员的非法入侵和数据篡改，从而保障财务信息的完整性和准确性。

财务信息的真实性不仅影响组织的财务状况，还直接关系到其管理决策的科学性和准确性。没有真实的财务信息，组织的经营策略和发展规划将失去依据，管理者会做出错误的决策，导致资源浪费甚至组织的整体失败。确保财务信息的真实性是内部控制的核心目标之一，它为组织的健康发展提供了坚实的基础，并保障了各项财务决策的正确性和有效性。

（二）提高经营效率与效果

提高经营效率与效果是内部控制的另一个关键目标。在当今竞争激烈的市场环境中，组织必须通过优化资源配置、提升运营效率来维持竞争优势。内部控制通过系统的流程设计和有效的管理措施，帮助组织在日常运营中减少资源浪费、避免重复劳动、提高生产率，从而实现既定的经营目标。

内部控制的有效实施能够优化组织内部的各项流程，消除不必要的管理环节，从而提高整体运营效率。例如通过合理的预算管理，内部控制可以确保资金的合理使用，避免资源浪费；通过对各项业务流程的严格控制，可以减少运营中的失误和低效行为。内部控制还能够确保信息在组织内部的有效沟通与传递，从而减少因信息不对称而导致的决策错误，提升管理效率。

在实现经营效果方面，内部控制同样发挥着至关重要的作用。通过对关键业务流程的监控和分析，内部控制能够帮助组织及时发现并解决运营中的问题，从而确保经营目标的实现。内部控制还能够促进各部门之间的协调与合作，确保组织资源得到最优配置，最终提升整体经营效果。通过内部控制，组织不仅能够提高运营效率，还能够在实现战略目标的过程中，最大限度地发挥资源的效益。

（三）确保资产的安全性

确保资产的安全性是内部控制的重要目标之一。资产的安全性直接关系到组织的持续经营和财务稳定，是任何组织实现其战略目标的基础。内部控制通过一系列措施，确保资产在日常运营中的安全和完整，防止资产的流失、损毁或被盗。无论是物质资产还是无形资产，内部控制都通过有效的管理手段，确保其不受损害。

内部控制在保障资产安全性方面主要通过以下途径实现：通过设置严格的资产管理制度，确保资产从采购、使用到处置的各个环节都有明确的管理规范和控制措施。通过对资产进行定期盘点和核对，及时发现并纠正资产管理中的问题，从而避免资产的损失或浪费。通过对重要资产设置专门的保护措施，如对现金、存货等易流失资产进行定期审计和监控，以防止舞弊和盗窃行为。

资产的安全性不仅影响组织的财务状况，还直接关系到其长期发展潜力。没有有效的内部控制，资产的流失或损毁将导致组织无法正常运转，甚至危及其生存。通过内部控制来确保资产的安全性，不仅可以保护组织的财务资源，还能够为其战略发展提供坚实的保障，确保组织在竞争激烈的市场环境中立于不败之地。

（四）促进法律法规的遵循

促进法律法规的遵循是内部控制的一个重要目标。在任何法律环境下组织的运营都必须遵循相关法律法规，这是保障其合法性和稳定发展的基础。内部控制通过对各项业务流程和管理活动的监督和控制，确保组织在日常运营中遵守所有适用的法律法规，从而避免法律风险和合规问题。

内部控制通过建立健全的合规管理体系，帮助组织识别并遵守相关法律法规。例如通过制定并严格执行法律合规政策，内部控制可以确保组织在劳动法、税法、环境保护法等方面不出现违法行为。内部控制还通过对合同管理、财务报告、信息披露等重要领域的监控，确保所有业务操作符合法律要求，防止因违法违规行为导致的法律诉讼和处罚。

法律法规的遵循不仅影响组织的声誉和社会责任感，还直接关系到其财务稳定性和市场竞争力。违反法律法规不仅导致组织面临高额罚款，还会严重损害其声誉，进而影响其市场地位和客户信任。通过内部控制来促进法律法规的遵循，不仅可以有效防范法律风险，还能够增强组织的合规意识，提升其在市场中的竞争优势，为其长期可持续发展奠定坚实的基础。

三、内部控制的五要素

内部控制的五要素包括控制环境、风险评估、控制活动、信息与沟通以及监督与反馈。控制环境构建了组织的文化基础，影响管理风格和员工行为；风险评估帮助识别和分析潜在的威胁；控制活动通过具体措施管理风险；信息与沟通确保信息流通，支持决策；监督与反馈则通过持续监控内部控制的有效性，及时发现问题并进行改进。这五要素共同作用，确保组织目标的实现和运营的安全性。

（一）控制环境

控制环境是内部控制的基础性要素，它决定了整个组织的文化、价值观和管理风格，对其他内部控制要素起着引导和制约作用。一个良好的控制环境能够营造出一个强调责任、透明度和合规性的氛围，确保内部控制措施在组织中得到有效落实。控制环境涵盖了组织的领导风格、员工的职业道德、管理理念、组织结构等多个方面，是内部控制体系的基石。

在组织管理中控制环境主要通过领导层的示范作用和管理者的监督机制来影响整个组织的行为和决策。领导层的态度和行为在很大程度上决定了组织的控制环境。如果高层管理者能够在日常工作中坚持诚信和道德规范，并对内部控制高度重视，那么这种价值观就会传递到组织的各个层级，形成良好的控制氛围。合理的组织结构和明确的职责分工也能够增强控制环境的稳定性，使得内部控制措施更加有效。

控制环境不仅影响组织的内控效果，还直接关系到风险管理的有效性和资源的合理配置。一个良好的控制环境能够提高员工的工作积极性和责任感，减少舞弊和失误的发生率，从而提升组织的整体运营效率和管理水平。在构建和优化内部控制体系时，首先需要关注和改善控制环境，为其他控制要素的有效运行奠定坚实的基础。

（二）风险评估

风险评估是内部控制体系中的核心环节，旨在帮助组织识别、分析和应对各种影响其目标实现的风险。通过风险评估，组织可以预见潜在的问题和挑战，制定相应的应对措施，确保在面对不确定性时能够保持稳健运营。风险评估不仅关注外部环境的变化，还需要深入分析内部管理流程中的潜在风险，以全面了解组织面临的各种威胁。

风险评估的过程通常包括风险识别、风险分析和风险应对三个主要步骤。组织需要系统地识别所有影响其运营和目标实现的风险源，包括市场风险、财务风险、操作风险以及合规风险等。对这些风险进行分析，评估其影响和发生的概率，从而确定哪些风险需要优先处理。组织应制定和实施相应的控制措施，以减轻风险的负面影响，确保组织能够在变化的环境中保持稳定。

有效的风险评估能够显著提高组织的抗风险能力，使其在面对突发事件或环境变化时，能够迅速反应并采取适当的措施。风险评估不仅是内部控制的一部分，更是组织战略管理的关键工具。通过不断完善风险评估流程，组织可以更好地预见和应对各种不确定性，从而增强其竞争力和可持续发展能力。

（三）控制活动

控制活动是内部控制体系中直接用于管理风险、确保组织目标实现的一系列具体措施和操作。它包括各种政策、程序和行动计划，旨在减少风险、保障资源安全以及确保管理决策的有效执行。控制活动的实施贯穿于组织的各个层面和业务流程中，是将内部控制要求转化为实际操作的关键环节。

在组织的日常运营中控制活动通过多种形式得以体现，如职责分离、授权审批、绩效考核、资产保护、预算控制等。这些措施不仅能够防范错误和舞弊，还可以提高运营效率，确保资源的有效利用。职责分离要求不相容的岗位由不同人员负责，以防止舞弊；授权审批确保所有关键决策经过适当的审查和批准；绩效考核通过设定和评估目标，推动员工提高工作效率和质量；资产保护措施如定期盘点和安全存储，则有效防止了资产的损失或被盗。

控制活动的有效性直接影响内部控制体系的整体效果。通过科学设计和严格实施控制活动，组织能够显著降低运营风险，保障各项业务流程的顺畅进行。定期审查和调整控制活动，确保其能够适应组织的变化和外部环境的挑战，也是确保内部控制体系持续有效的关键。控制活动不仅是内部控制的执行手段，更是组织实现管理目标的重要保障。

（四）信息与沟通

信息与沟通是内部控制体系中的重要要素，它确保组织内外部的信息能够有效传递和共享，为管理决策和控制活动提供可靠的依据。信息与沟通涵盖了从信息的收集、处理、传递到反馈的全过程，是组织实现高效管理和风险控制的基础。通过有效的信息与沟通，组织能够确保各级管理者和员工在决策和执行过程中掌握必要的信息，从而提高内部控制的整体效能。

在信息与沟通过程中信息的质量至关重要。组织需要确保所传递的信息具有准确性、完整性、及时性和相关性，以便管理层能够根据这些信息做出合理的决策。内部控制的有效运行依赖于管理者对组织内外部情况的准确把握，这要求信息系统能够及时、全面地反映出组织的运营状况和潜在风险。良好的沟通机制也有助于在组织内部建立起信任和协作的氛围，使得控制措施能够得到全体员工的理解和支持。

信息与沟通还涉及信息在组织内部和外部之间的流动。内部的信息交流可以通过定期会议、报告、培训等形式进行，确保各部门、各层级之间的信息畅通；

外部的信息沟通则包括与客户、供应商、监管机构等利益相关者的交流，确保组织能够及时获取外部环境的变化信息，并做出相应调整。信息与沟通不仅是内部控制的重要组成部分，更是组织保持敏捷性和应变能力的关键。

（五）监督与反馈

监督与反馈是内部控制体系的最后一环，旨在通过持续的监控和评估，确保内部控制措施的有效性，并及时发现和纠正偏差。监督与反馈机制不仅帮助组织识别内部控制中的不足和漏洞，还为内部控制的持续改进提供了依据。通过定期的监督和有效的反馈，组织能够保持内部控制体系的动态适应性，确保其在不断变化的环境中始终发挥作用。

监督与反馈的实施通常包括内部审计、外部审计以及管理层的日常监控等多种形式。内部审计部门通过独立客观的审查，对内部控制的设计和运行进行评估，发现潜在问题并提出改进建议；外部审计则通过对财务报表和控制体系的审计，提供独立的第三方意见，确保内部控制的公正性和透明性。管理层的日常监控也是监督与反馈的重要组成部分，通过实时监督各项业务活动，及时发现并处理异常情况。

四、内部控制在事业单位中的应用

内部控制在事业单位中的应用至关重要，主要体现在预算管理、资金管理、资产管理和财务信息管理等方面。通过有效的内部控制，事业单位可以确保预算编制和执行的合规性，提高资金使用效率，保障资产安全，防范财务风险。内部控制还确保财务信息的准确性和透明度，增强社会公信力和公众信任，促进事业单位在提供公共服务中的管理水平和运营效率。

（一）内部控制在预算管理中的应用

内部控制在预算管理中的应用对事业单位的资金使用效率和财务透明度具有重要意义。预算管理是事业单位财务管理的核心环节，通过有效的内部控制措施，可以确保预算的编制、执行和调整都能在科学合理的框架内进行，避免预算偏差和资金浪费。这不仅有助于提高资源配置效率，还能增强事业单位对资金的控制能力，确保各项资金投入与单位的战略目标相一致。

在预算编制阶段，内部控制通过制度化的流程和标准，确保预算编制的准确性和全面性。通过广泛的需求调研和科学的资金测算，内部控制能够防止预算编制中的主观性和随意性，确保预算的合理性和可行性。在预算执行过程中，内部控制的作用更加显著，通过对支出和收入的严格监督和控制，确保预算执行严格按照既定计划进行。任何超支或挪用行为都需要经过层层审核和审批，从而避免资金的滥用和浪费。

内部控制在预算管理中的作用还体现在预算调整和分析阶段。事业单位的预算往往需要根据实际情况进行调整，内部控制通过设定严格的审批程序和分析机制，确保调整的合理性和必要性。通过定期的预算执行分析，事业单位能够及时发现预算执行中的偏差，并通过反馈机制进行调整和优化，从而提高预算管理的整体效果和资金使用效率。

（二）内部控制在资金管理中的应用

内部控制在资金管理中的应用是确保事业单位财务安全和资金有效使用的重要手段。资金管理涵盖了资金的筹集、使用、调度和监督等多个环节，内部控制在这些环节中发挥着关键作用。通过系统的内部控制措施，事业单位可以有效防范资金管理中的各种风险，确保资金流动的安全性和使用的合理性，从而保障单位的正常运转和财务稳定。

在资金筹集环节，内部控制通过严格的审核和审批程序，确保资金来源的合法性和合理性，避免不当筹资行为。内部控制还通过风险评估和控制措施，确保筹集资金的成本和使用效益相匹配，防止资金过度筹集或资金链断裂的风险。在资金使用环节，内部控制的重点在于资金的合理分配和有效使用，通过设定资金使用的审批权限和流程，确保每一笔资金支出都符合预算和财务规划，从而避免资金的浪费和挪用。

内部控制在资金调度和监督环节同样至关重要。资金调度需要根据事业单位的实际需求进行合理安排，内部控制通过建立科学的资金调度计划和预警机制，确保资金的流动性和安全性。在资金监督方面,内部控制通过定期审计和财务监控,及时发现和纠正资金管理中的问题,防止资金流失和舞弊行为的发生,从而维护事业单位的财务安全和资金管理的规范性[①]。

(三) 内部控制在资产管理中的应用

内部控制在资产管理中的应用是事业单位保护资产安全、提高资产使用效率的关键。资产管理包括对固定资产、流动资产以及无形资产的管理,内部控制通过一系列制度和程序,确保资产的购置、使用、维护和处置都能在规范化的管理下进行,防止资产流失和价值损失。内部控制还通过对资产的定期盘点和审计,确保资产账实相符,资产管理的透明度和效率得以提高。

在资产购置环节内部控制确保采购流程的透明性和合规性。通过制定严格的采购标准和程序,内部控制能够防止采购过程中的腐败和浪费行为,确保资产购置的质量和成本效益。在资产使用和维护过程中,内部控制的作用在于延长资产的使用寿命和提高使用效率。通过定期的资产维护和管理,确保资产处于良好的使用状态,防止因维护不当导致的资产损坏或过早报废。

内部控制在资产处置环节也发挥着重要作用。资产处置往往涉及到较大的财务决策,内部控制通过设定严格的审批程序和价值评估机制,确保资产处置的公开、公正和合理,防止国有资产流失或资产处置中的不当行为。内部控制还通过对资产管理全过程的监督和反馈机制,及时发现和纠正管理中的问题,确保资产管理的规范性和有效性,从而为事业单位的可持续发展提供坚实的物质保障。

(四) 内部控制在财务信息管理中的应用

内部控制在财务信息管理中的应用对事业单位的信息透明度和财务决策的科学性具有重要影响。财务信息管理包括财务数据的收集、处理、存储和报告,内部控制通过一系列规范化的管理措施,确保财务信息的准确性、完整性和及时性,从而为管理层和利益相关者提供可靠的财务信息支持。这不仅有助于提高财

---

① 冯亮. 行政事业单位财务管理内部控制与风险防范对策 [J]. 国际援助, 2022 (23): 16-18.

务决策的质量，还能增强事业单位的财务透明度和社会公信力。

在财务信息的收集和处理过程中，内部控制通过设定标准化的流程和操作规程，确保财务数据的录入和处理符合既定的规范，避免人为错误和舞弊行为的发生。内部控制还通过信息系统的安全管理，防止数据泄露和篡改，确保财务信息的保密性和完整性。在财务信息的存储和管理中，内部控制通过对信息系统的定期维护和审计，确保财务数据的长期保存和安全性，防止因系统故障或人为失误导致的数据丢失或损坏。

财务信息的报告和披露是内部控制在财务信息管理中另一个重要的应用领域。通过设定严格的财务报告程序和审核机制，内部控制能够确保财务报表的准确性和合法性，防止虚假财务信息的披露。内部控制还通过对财务信息披露的规范管理，确保外部报告的及时性和透明度，增强事业单位的社会责任感和公众信任。内部控制在财务信息管理中的应用，不仅提升了事业单位财务管理的科学性和规范性，还为其长期健康发展提供了重要保障。

第三节 财务管理与内部控制的关系

一、财务管理与内部控制的联系

财务管理与内部控制在组织管理中紧密相连，互为依托。财务管理关注资金的有效运作、预算执行和财务信息的准确性，而内部控制则为这些财务活动提供制度保障和风险防范。通过内部控制，财务管理的各项活动得以在安全、规范的环境中进行，避免资金浪费、财务信息失真以及违规操作。两者协同作用，不仅提高了组织的管理效率和运营效能，还为实现长期战略目标和可持续发展奠定了坚实基础。

（一）财务管理与内部控制的相互依存关系

财务管理与内部控制是组织管理中的两个核心组成部分，二者之间存在着密切的相互依存关系。财务管理关注的是组织的资金运作、预算执行和财务信息的准确性,而内部控制则是为了确保这些财务活动在安全、有效的环境中进行。没有有效的内部控制,财务管理会失去其基础,导致资金使用效率低下、财务信息失真,甚至引发严重的财务风险。没有科学的财务管理,内部控制的有效性也难以保障,因为内部控制的设计和实施依赖于财务管理提供的基本数据和流程框架。

在实际运作中财务管理通过内部控制来实现其目标。内部控制为财务管理提供了制度保障,确保财务活动符合既定的政策和程序,避免操作中的随意性和风险的扩大。比如在预算执行中,内部控制通过设定审批程序、授权机制和监督措施,确保预算资金按照既定计划使用,避免超支或资金挪用的情况发生。这种相互依存关系使得财务管理和内部控制成为一个有机的整体,任何一方的缺失或弱化都会对另一方产生负面影响,进而危及整个组织的财务健康。

财务管理与内部控制的相互依存关系在组织的日常运营中表现得尤为明显。二者共同作用,为组织提供了稳固的管理基础,确保各项财务活动在合规、安全的框架内顺利进行。这种相互依存不仅体现在操作层面,更体现在战略层面:通过有效的财务管理与内部控制,组织能够更好地应对外部环境的变化,提升自身的竞争力和可持续发展能力。具体财务管理与内部控制的相互依存关系如表1-3所示。

表1-3 财务管理与内部控制的相互依存关系

序号	方面	财务管理的关注点	内部控制的保障作用	相互依存关系的表现
1	资金运作	确保资金有效运作	通过控制措施防止资金挪用或滥用	提高资金使用效率
2	预算执行	确保预算按计划执行	设置审批程序、授权机制和监督措施	防止超支和预算偏差
3	财务信息的准确性	提供真实可靠的财务信息	通过数据审查和监控,防止信息失真	确保信息透明度
4	操作和战略层面协调	支持日常运营和战略目标	提供合规框架和安全环境,确保政策和程序实施	应对外部变化,提高竞争力和可持续性
5	整体财务健康	保障财务稳定和发展	提供风险防范措施,减少财务风险	确保组织财务健康

(二) 财务管理中内部控制的嵌入性

内部控制在财务管理中具有高度的嵌入性，这意味着内部控制措施必须融入到财务管理的各个环节，确保财务活动的安全性、准确性和合规性。财务管理涉及预算编制、资金管理、财务报告等多个方面，内部控制在这些环节中扮演着不可或缺的角色，通过设立标准化的程序和操作规范，内部控制为财务管理提供了必要的制度保障和风险防范手段。

在预算管理中内部控制确保预算的编制、执行和调整都能在既定的规则和流程下进行，从而避免了资源的浪费和资金的挪用。通过对预算执行过程的监督，内部控制能够及时发现和纠正偏差，确保财务资源的合理配置。在资金管理中内部控制通过设定严格的审批程序和监控机制，确保资金使用的安全性和有效性，防范资金流失和财务风险的发生。在财务报告的编制过程中，内部控制的作用更加突出，通过对数据的严格审核和信息披露的规范化管理，确保财务信息的准确性和透明度。

内部控制的嵌入性不仅保障了财务管理的顺利实施，还提升了整个组织的管理水平和运营效率。通过将内部控制全面嵌入到财务管理的各个环节，组织能够建立起一个完整的管理体系，确保各项财务活动在安全、合规的环境中进行。这种嵌入性不仅体现在日常操作中，更体现在组织的战略管理层面，通过有效的内部控制，财务管理得以更加精细化和科学化，为组织的长期发展奠定了坚实的基础。

(三) 财务管理与内部控制的共同目标

财务管理与内部控制虽然在功能上有所区分，但二者在组织管理中的最终目标是高度一致的。两者都旨在确保组织资源的有效配置和使用，保障财务信息的真实性和透明度，并通过有效的风险管理措施，提升组织的整体运营效率和管理水平。通过协同运作，财务管理和内部控制共同服务于组织的战略目标，确保各项财务活动在既定的政策和程序下有序进行，避免资源浪费和财务风险。

财务管理的目标是通过科学的资金运作和预算管理，确保组织的财务健康和可持续发展。这一目标的实现离不开内部控制的支持，内部控制通过制度化的管理措施，确保各项财务活动符合组织的整体战略，防止因操作失误或舞弊行为导致的财务风险。与此内部控制也在实现其目标，即通过建立和维护有效的控制环境，保障财务管理的顺利实施，确保组织的财务活动在安全、透明的环境中进行。

两者的共同目标还体现在组织的长远发展和竞争力提升上。通过有效的财务管理和内部控制，组织能够在复杂多变的市场环境中保持稳健运营，提升资源利用效率，并通过科学的风险管理措施，增强自身的抗风险能力。这种目标的一致性使得财务管理与内部控制成为组织管理中的两个不可分割的部分，它们相互支持、相互促进，为组织的健康发展提供了强有力的保障。

（四）财务管理与内部控制的协同机制

财务管理与内部控制的协同机制是确保组织管理高效、规范的重要手段。协同机制的建立，能够使财务管理和内部控制在具体操作中相互配合，形成一个有机的整体。通过这一机制，财务管理的各项活动可以在内部控制的框架下进行，而内部控制的有效性又依赖于财务管理的科学性和规范性。两者的协同作用，有助于提高组织的管理效率，确保财务活动的合规性和透明度。

在具体实施中财务管理与内部控制的协同机制主要体现在流程的设计和操作规范的执行上。通过将内部控制措施嵌入到财务管理的各个环节，组织能够确保每一项财务操作都符合既定的控制标准，减少因人为错误或操作失误导致的风险。内部控制通过对财务管理流程的持续监控和反馈，及时发现和纠正潜在的问题和偏差，确保财务管理的规范性和有效性。通过这种协同机制，财务管理和内部控制能够在相互配合中实现各自的功能，并共同服务于组织的整体目标。

这种协同机制不仅在操作层面有效，在战略层面同样具有重要意义。通过财务管理与内部控制的紧密协同，组织能够在战略决策中充分考虑风险因素，确保财务资源的配置与组织的战略目标相一致。协同机制的建立还能够增强组织的应变能力，使其在面对外部环境的变化时，能够迅速调整财务管理和控制措施，确保组织的稳健发展。财务管理与内部控制的协同机制不仅是提高管理效率的关键,更是确保组织长远发展的必要条件。

二、内部控制对财务管理的影响

内部控制对财务管理有着深远的影响,主要体现在预算执行、资金使用和财务信息的准确性方面。通过严格的内部控制措施,预算执行得以规范化,避免超支和资金挪用,确保财务资源按照计划合理分配。内部控制还在资金管理中发挥保障作用,防范资金流失和财务风险,确保资金使用的安全性和有效性。内部控制通过数据审查和监督,确保财务信息的真实性和准确性,为组织的决策提供可靠的依据,从而提高整体管理水平。

(一)内部控制在预算执行中的影响

内部控制对预算执行的影响是财务管理中至关重要的环节。预算执行是财务管理的核心,通过有效的预算执行,组织可以确保其财务资源按计划分配和使用。内部控制在这一过程中起到了监督和保障的作用,确保预算执行过程的规范性和透明度。通过设定严格的审批程序和监督机制,内部控制能够防止预算执行中的随意性和不当行为,从而提高预算执行的准确性和有效性。

在具体实施中内部控制通过一系列措施确保预算执行的严谨性。例如分级授权制度和定期审计能够有效防止超支和资金挪用行为的发生。通过对预算执行过程中的数据监控,内部控制能够及时发现执行偏差,并迅速采取纠正措施,确保预算执行始终在可控范围内进行。内部控制的存在,使得预算执行不仅仅是一个财务操作的过程,更成为一个受控的管理活动,为组织的整体财务健康提供了保障。

内部控制在预算执行中的影响是多方面的。它不仅提高了预算执行的效率,还增强了财务管理的规范性,确保资金的合理使用和配置。通过有效的内部控制,组织能够在预算执行中减少资源浪费和财务风险,确保其战略目标的顺利实现。这种影响对于组织的财务管理来说是深远的,也是确保其财务稳定和持续发展的关键因素。

（二）内部控制对资金使用的保障

内部控制在资金使用中的保障作用是确保组织财务安全和效率的重要手段。资金管理是财务管理的核心内容之一，而资金使用的合理性和安全性直接关系到组织的生存和发展。内部控制通过建立和执行一套严格的管理制度，确保资金使用的每一个环节都在控制之中，从而防范资金流失和其他财务风险。通过这种系统化的管理，内部控制为资金使用提供了必要的保障，使得财务管理更加稳健和可控。

内部控制对资金使用的保障作用主要体现在资金使用的审批和监督上。在资金支出的每一个环节，内部控制通过授权审批程序，确保资金的支出符合组织的预算和财务政策，避免不必要的支出和浪费。内部控制还通过定期的财务审计和资金流动监控，及时发现和纠正资金使用中的异常情况，确保资金使用的安全性和有效性。这种多层次的控制机制，使得组织的资金使用过程透明而有序，减少了资金管理中的风险。

通过内部控制的有效运作，组织能够确保其资金使用始终处于受控状态。这不仅有助于提高资金使用的效率，还能为组织的长期发展提供财务保障。内部控制在资金管理中的保障作用，是财务管理得以顺利实施的重要前提，也是确保组织财务健康和可持续发展的关键所在。通过这种保障，组织能够在复杂的财务环境中保持稳定，并有效应对各种财务挑战。

（三）内部控制对财务信息的准确性影响

内部控制对财务信息的准确性具有决定性的影响，准确的财务信息是组织管理和决策的基础。财务信息的准确性直接影响到组织的财务透明度和管理效率，而内部控制在这一过程中起到了关键的监督和保障作用。通过对财务信息处理过程的严格控制，内部控制确保了财务数据的完整性、准确性和及时性，从而为组织的管理层和利益相关者提供可靠的决策依据。

内部控制对财务信息准确性的影响主要通过一系列控制措施得以实现。这些措施包括对财务数据录入、处理和报告过程中的严格审核，以及对财务系统的安全性管理。通过设置多层次的审核程序和权限控制，内部控制能够有效防止数据输入中的错误和舞弊行为。内部控制还确保财务信息的处理和传递过程符合既定的财务规范，避免信息的失真和延迟。通过这些措施，内部控制为组织提供了准确而可靠的财务信息，确保管理层能够做出科学的决策。

内部控制对财务信息准确性的影响不仅体现在操作层面，更体现在战略层面。准确的财务信息不仅是财务管理的基础，也是组织实现其战略目标的重要保障。通过有效的内部控制，组织能够确保其财务信息的真实性和可靠性，从而增强财务管理的科学性和规范性，为组织的长期发展提供有力支持。这种影响是深远的，也是组织财务管理不可或缺的一部分。

（四）内部控制对财务管理合规性的提升

内部控制在提升财务管理合规性方面发挥了至关重要的作用。财务管理合规性指的是组织在财务操作中遵守相关法律法规、政策规定以及内部管理制度的情况。合规性不仅关系到组织的合法运营，还影响其社会声誉和可持续发展。内部控制通过建立健全的合规管理体系，确保财务管理活动的每个环节都符合外部监管要求和内部政策，从而有效提升财务管理的合规性。

内部控制通过一系列制度和程序，确保财务管理活动的合规性。例如内部控制要求在财务活动中严格执行法律法规和内部规章制度，并设立相应的监督和审计机制，以防止违规行为的发生。内部控制还通过对财务活动的持续监控和评估，及时发现和纠正潜在的合规风险，确保财务管理过程的合法性和透明度。这些措施不仅防范了违规操作的发生，还增强了组织对法律法规的遵循能力。

通过内部控制，组织的财务管理合规性得到了显著提升。这不仅有助于避免法律风险和经济处罚，还提高了组织的社会公信力和市场竞争力。合规性是组织财务管理的底线，内部控制在这一过程中发挥的作用不可替代。通过有效的内部控制，组织能够确保其财务管理活动始终在合规的框架内进行，从而为其长远发展和战略目标的实现提供坚实的保障。

三、财务管理对内部控制的要求

财务管理对内部控制的要求主要包括，建立健全的控制环境，以支持财务管理的政策和程序实施，确保所有财务活动在合规的框架内进行。财务管理要求进行全面的风险评估，识别和预防可能影响财务健康的潜在风险。通过设定具体的控制活动，如职责分离、授权审批和审计，财务管理确保资金使用的安全性和合理性。财务管理需要有效的信息与沟通机制，以确保各级管理层及时获取准确的财务数据支持决策。定期监督与反馈机制是必不可少的，以持续监控内部控制的执行情况，及时发现和纠正问题，从而提高财务管理的整体效果和可靠性。

（一）财务管理对内部控制环境的要求

财务管理对内部控制环境的要求是确保组织在健康、高效的管理氛围中开展各项财务活动。内部控制环境是整个内部控制体系的基础，直接影响着财务管理的有效性和整体管理水平。一个良好的控制环境包括管理层对控制的重要性认识、组织结构的合理性、员工的职业道德水准以及内部政策和程序的执行力等方面。财务管理需要一个健全的内部控制环境来保证其各项活动在合规、安全的条件下进行。

为了满足财务管理的需要，内部控制环境必须具备几个关键特征。管理层的重视程度是关键，领导者需要树立良好的榜样，通过明确的政策和严格的执行来强化控制意识。合理的组织结构也是必要条件，各部门职责明确、相互独立，从而减少因职责不清而产生的风险。员工的职业道德和组织文化也对内部控制环境有着重要影响，良好的职业道德可以减少违规行为的发生，而健康的组织文化则能够提高全体员工对内部控制的认同感和执行力。

财务管理对内部控制环境的要求不仅是形式上的，还体现在日常运营中各个层面的细节之中。通过创建和维护一个强大的内部控制环境，组织能够确保财务管理的各个环节都在受控且高效的状态下运行。这种环境不仅能有效防范财务风险，还能提高管理决策的科学性和准确性，为组织的长期健康发展提供坚实的基础。

（二）财务管理对内部控制流程的规范性要求

财务管理对内部控制流程的规范性要求旨在确保各项财务活动按照既定的程

序和标准进行，以减少操作风险和提高管理效率。内部控制流程的规范性是保障财务管理顺利实施的关键，规范的流程能够防止财务操作中的随意性和主观性，确保财务活动的合法性和合规性。财务管理需要内部控制流程的严格规范，以便在复杂的财务环境中维持稳定和透明的运营。

规范的内部控制流程首先体现在明确的操作规程和标准化的业务流程上。每一个财务活动，从资金审批、支付到预算执行，都必须有明确的操作程序和标准，这些程序和标准不仅要符合组织的内部政策，还必须遵循相关法律法规。通过这种严格的流程控制，组织能够确保各项财务操作都在受控的环境中进行，减少人为错误和舞弊的性。规范性要求还包括对流程的持续监控和反馈，通过实时监控和定期审查，确保流程的执行情况与预期保持一致，及时发现并纠正任何偏差。

财务管理对内部控制流程的规范性要求是确保组织财务活动高效、安全进行的重要保障。通过严格规范的内部控制流程，财务管理可以更加透明和可控，减少不必要的财务风险和管理成本。这种规范性不仅有助于提高组织的管理效率，还能增强其对外部环境变化的应对能力，为实现财务管理的目标提供坚实的制度支持。

（三）财务管理对内部控制透明度的要求

财务管理对内部控制透明度的要求强调了信息公开和流程透明在现代管理中的重要性。透明度是提升财务管理有效性的重要手段，它不仅能够增强组织内部的信任度和协作性，还能提升外部利益相关者对组织的信任。财务管理需要通过透明的内部控制机制来确保信息的准确传递和决策的公正性，减少信息不对称带来的风险，并且促进更有效的监督和管理。

内部控制的透明度首先体现在信息披露和报告制度上。财务管理依赖于准确和及时的信息，而透明的内部控制体系能够确保这些信息的公开化和标准化。通过明确的信息披露要求和定期的财务报告，内部控制可以为管理层和利益相关者提供真实、完整的财务状况，从而支持更明智的决策。透明度要求各个部门在执行财务管理时，能够相互协作并公开沟通，减少内部信息壁垒，提高整体运营效率。

财务管理对内部控制透明度的要求不仅是对内部流程的规范，更是对整个管理体系的优化。通过提高透明度，组织能够实现更加高效和可信的财务管理，确保各项财务活动在公开、公正的环境中进行。这种透明度不仅能够减少管理中的隐患和腐败，还能够增强组织的社会责任感和市场竞争力，为长远发展提供有力的保障。

（四）财务管理对内部控制持续改进的要求

财务管理对内部控制持续改进的要求反映了现代管理中动态适应和优化的重要性。在快速变化的市场和监管环境下，组织必须不断审视和优化其内部控制体系，以应对新的挑战和机遇。财务管理需要一个灵活且不断优化的内部控制系统，以确保其有效性和适应性，从而支持组织的长期战略目标。

内部控制的持续改进需要从多方面入手，首先是对现有流程和机制的定期审查。通过内部审计和外部评估，组织可以识别内部控制中的薄弱环节和改进空间，并据此进行必要的调整和优化。随着技术进步和业务环境的变化，内部控制也需要不断引入新的工具和方法，以提高管理效率和控制能力。例如信息技术的发展为财务管理带来了更高效的监控和数据分析手段，这些新技术的引入可以显著提升内部控制的质量和效益。

财务管理对内部控制持续改进的要求是确保组织在竞争激烈的市场中保持优势的关键。通过不断优化内部控制体系，组织能够更好地适应外部环境的变化，并通过有效的风险管理和资源配置，实现财务管理的目标。这种持续改进不仅增强了内部控制的有效性，也为财务管理的成功实施提供了持久的动力和支持。

四、两者协同作用的必要性

财务管理与内部控制的协同作用是确保组织有效运行和长期发展的必要条件。两者的协同作用有助于增强风险防范能力，提高资金使用效率和管理水平。通过内部控制，财务管理活动得以在安全、规范的环境中进行，减少舞弊和操作错误的风险。财务管理为内部控制提供了基础数据和操作流程，确保控制措施的针对性和有效性。这种协同作用不仅提升了组织的财务透明度和决策质量，还确保各项财务活动与组织战略目标一致，为实现组织的稳健发展和持续竞争力提供了有力保障。

（一）提升组织运营效率的必要性

财务管理与内部控制的协同作用对于提升组织运营效率具有重要意义。组织运营效率的提升依赖于资源的合理配置和有效使用，而这一切都需要在规范的管理框架内进行。财务管理通过对资金、资产和预算的科学规划与管理，确保组织资源的最优配置；内部控制则通过设立严谨的制度和程序，确保各项管理措施得到有效执行。两者协同作用，可以减少资源浪费，提升整体运营效率，进而提高组织的竞争力。

在实际操作中财务管理制定的预算和资源分配方案，需要内部控制的配合才能得以严格执行。内部控制通过设定审批权限、监控资金流动、审核财务报告等措施，保障财务管理计划的顺利实施，防止因操作失误或舞弊行为导致的资源浪费和效率低下。内部控制的有效性反过来也依赖于财务管理提供的准确数据和分析支持，以确保控制措施的针对性和有效性。通过两者的紧密协作，组织能够在各项业务流程中实现更高的效率和效益。

财务管理与内部控制的协同作用，是提升组织运营效率的必要条件。只有在两者的共同作用下，组织才能确保资源的合理配置和高效利用，避免运营中的各类风险和浪费行为。通过这种协同作用，组织能够在竞争激烈的市场环境中保持高效运作，持续提升运营效率，进而实现更好的经营成果和发展目标。

（二）防范财务风险的必要性

在现代组织中防范财务风险已成为管理中的一个重要课题，而财务管理与内部控制的协同作用是实现这一目标的关键。财务风险涵盖了资金管理、资产保护、负债控制等多个方面，一旦发生风险事件，将对组织的财务稳定性和整体经营带来严重影响。财务管理通过风险评估、预算控制和资金流动管理等手段，致力于识别和防范潜在的财务风险；内部控制则通过严格的制度设计和执行，确保风险防范措施落到实处，从而形成有效的风险管理体系。

财务管理和内部控制的协同作用能够显著提高风险防范的效果。财务管理提供了对风险的前瞻性分析和预警，而内部控制则在日常操作中对这些风险点进行监控和控制。例如财务管理会通过分析现金流和负债水平，识别出的资金短缺风险，内部控制则通过设定资金使用审批流程和定期审计，确保在实际操作中及时发现和应对这些风险。两者的有效协作，能够在风险发生前或发生时迅速采取措施，避免或减轻对组织的负面影响。

财务管理与内部控制的协同作用对于防范财务风险具有不可替代的作用。通过两者的紧密配合，组织能够在财务管理中构建起一道牢固的风险防线，确保财务活动在安全的环境中进行。有效的风险防范不仅有助于维护组织的财务健康，也为其长远发展提供了有力保障。

（三） 实现战略目标的必要性

财务管理与内部控制的协同作用对于组织实现战略目标具有至关重要的意义。组织的战略目标通常涉及长期的资源配置和运营规划，而要确保这些目标的顺利实现，必须依赖于财务管理和内部控制的有效配合。财务管理通过制定预算、分配资源、控制成本，为战略目标的实现提供了必要的财务支持；内部控制则确保这些财务管理措施能够得到有效实施，防止资源浪费和战略偏差，从而保障组织战略的执行力。

在实现战略目标的过程中财务管理需要通过精准的预算编制和财务规划，明确资源配置的优先次序，并进行有效的资金管理。而内部控制则通过设立相应的监控和审核机制，确保各项战略资源的配置与使用严格遵循既定计划，避免因管理疏漏或不当操作导致的战略偏离。内部控制还提供了一个反馈机制，帮助组织在执行战略过程中及时发现并纠正偏差，确保战略目标的顺利实现。

财务管理与内部控制的协同作用是实现组织战略目标的必要条件。通过两者的紧密配合，组织不仅能够确保资源的合理配置和有效使用，还能提高战略执行的准确性和效率。这种协同作用不仅有助于组织在竞争激烈的市场环境中实现其战略目标，还能为其长期发展提供持续的动力和支持。

（四）适应外部环境变化的必要性

财务管理与内部控制的协同作用对于组织适应外部环境的变化至关重要。在当今快速变化的市场和监管环境中，组织必须具备足够的灵活性和应变能力，以应对各种外部挑战。财务管理和内部控制的有效协同，能够帮助组织在变化的环境中保持稳健的财务状况和高效的运营模式，从而确保组织能够及时调整战略和战术，以适应外部环境的变化。

在应对外部环境变化时，财务管理首先需要通过对市场趋势、政策变化和竞争态势的分析，识别出影响组织的外部风险和机遇。内部控制则通过设立相应的控制措施，确保财务管理对这些变化能够做出及时且有效的反应。例如当外部环境发生变化导致财务压力增加时，财务管理可以通过调整预算和资金配置来应对，内部控制则确保这些调整能够严格按照组织的政策和程序执行，防止因调整不当带来的次生风险。

财务管理与内部控制的协同作用对于组织适应外部环境变化具有关键作用。通过两者的紧密配合，组织能够在变化的环境中保持敏捷性和应对能力，从而在不确定性中寻求稳定发展。有效的协同作用不仅能够帮助组织迅速应对外部挑战，还能为其在动态环境中实现可持续发展提供坚实的基础。

第四节 财务管理与内部控制的理论发展

一、财务管理理论的演变

财务管理理论的演变经历了从注重短期资金管理到全面战略管理的发展过程。财务管理主要关注现金流和短期资金筹措，以确保企业的生存。随着工业革命的推进，企业规模扩大，财务管理逐步纳入长期资本投资和资本结构优化的内容。进入20世纪中后期，全球化和信息技术的发展使财务管理更强调风险管理、资本成本控制和股东价值最大化。现代财务管理理论进一步整合了战略管理的理念，利用大数据和人工智能技术，提升财务决策的精准性和前瞻性，支持企业的可持续发展。

财务管理理论经历了从短期资金管理到战略管理的演变。早期关注现金流和短期资金筹措，以确保企业生存。随着工业革命和资本市场发展，重视长期资本投资和资本结构优化。进入 20 世纪中期，全球化和信息技术推动了风险管理和股东价值最大化理念。现代财务管理理论融合了战略管理、科技进步，强调大数据和人工智能在财务决策中的应用，提升企业竞争力和可持续发展能力。

（一）财务管理理论的起源与早期发展

财务管理理论的起源可以追溯到早期的经济活动中，当时的财务管理主要集中在资金的简单筹集与使用上，重点是保障资金的安全和满足日常运营的需求。在古代，随着商贸活动的兴起，简单的财务记录和现金管理逐渐成为管理者的重要工具。这一阶段的财务管理仍然相对原始，更多是以经验为基础，缺乏系统的理论框架和科学的管理方法。

随着工业革命的到来，企业规模不断扩大，资本市场的兴起和复杂的经济环境要求财务管理逐渐从简单的记录与管理转向更为系统和科学的理论构建。19 世纪末到 20 世纪初，财务管理理论开始逐步成形，初步奠定了以资本筹集、投资决策、成本控制为核心的管理思想。这一时期财务管理理论的主要贡献在于引入了科学的管理方法，初步建立了财务管理的基本框架，为后来的发展奠定了基础。

财务管理理论在其起源与早期发展阶段，虽然尚未形成完整的理论体系，但已经开始关注资金的合理配置和使用效率，这为现代财务管理理论的进一步发展提供了重要的基础。这一阶段的理论发展标志着财务管理从经验型操作向科学化、系统化管理的转变，并为后来的理论创新提供了方向。

（二）现代财务管理理论的形成与演进

现代财务管理理论的形成是 20 世纪中叶的一个重要里程碑，标志着财务管理从单纯的资金管理扩展到全面的公司治理和价值创造。随着现代经济和金融市场的发展，企业对财务管理的需求变得更加复杂，这促使理论研究者和实践者开始系统地研究财务决策、资本结构、风险管理以及企业价值最大化等问题。财务管理不再局限于简单的财务记录和资金控制，而是涵盖了战略性决策和全方位的财务规划。

这一时期许多经典的财务管理理论应运而生，如资本资产定价模型（CAPM）、期权定价理论以及资本结构理论等。这些理论为企业在资本筹集、投资决策、风险控制等方面提供了科学依据和方法。特别是以公司价值最大化为核心的理论，使得财务管理从关注短期利益逐步转向追求长期的企业价值创造。这些理论不仅丰富了财务管理的学科体系，也极大地提升了财务管理在企业中的战略地位[1]。

现代财务管理理论的演进还体现在对不确定性和风险的高度关注。随着市场环境的日益复杂和全球化的加剧，企业面临的财务风险不断增加，如何通过科学的财务管理来应对这些挑战成为理论发展的新方向。现代财务管理理论的演进，使得企业能够在复杂的经济环境中更加有效地进行财务决策和资源配置，从而提高企业的竞争力和可持续发展能力。

（三）财务管理理论的主要流派与观点

在财务管理理论的发展过程中，形成了多个流派与观点，这些流派之间既有相互竞争，也有相互补充，共同推动了财务管理理论的丰富和完善。最为经典的流派包括以资本结构理论为代表的传统财务管理学派、以市场效率理论为基础的现代金融学派，以及以行为金融学为核心的行为财务学派。这些流派分别从不同的角度对财务管理进行了深入探讨，形成了各自的理论体系。

传统财务管理学派主要关注企业的资本结构和融资决策，强调企业在筹资过程中如何在债务与权益之间取得平衡，以降低资本成本和提升企业价值。现代金融学派则基于市场效率假设，认为市场价格能够充分反映所有可获得的信息，因此企业的财务决策应以市场为导向。行为财务学派则对传统理论提出了挑战，指

---

[1]程璐. 内控视角下行政事业单位财政财务管理模式优化探析［C］. 新时代背景下社会与经济可持续发展研讨会论文集. 2024.

出市场并非总是有效的,投资者的非理性行为会导致市场价格的偏离,从而影响企业的财务决策。

不同流派的观点为财务管理理论提供了多样化的思路,推动了学术界和实务界对财务管理问题的深入研究和广泛讨论。尽管这些流派之间存在一些理论分歧,但它们都在丰富财务管理理论的同时也为实践中的财务决策提供了多元化的参考和方法论支持。财务管理理论的多样性和复杂性,使得这一领域的研究充满了活力和挑战,也为企业在不同经济环境下的财务管理实践提供了宝贵的理论依据。

二、内部控制理论的发展

内部控制理论的发展经历了从简单的防错防弊手段到全面管理工具的演变。早期的内部控制主要关注防止和发现财务报表中的错误和舞弊,以确保财务信息的准确性。随着企业规模扩大和经营环境复杂化,20世纪中期,内部控制开始扩展到运营效率和法律合规性方面。21世纪初美国《萨班斯-奥克斯利法案》的颁布进一步推动了内部控制在企业中的应用,要求企业全面评估和披露内部控制的有效性。现代内部控制理论已融入全面风险管理和组织治理结构中,涵盖财务管理、业务流程、信息系统安全等多个领域,成为保障组织目标实现和长远发展的关键手段。

(一)内部控制理论的初步探索

内部控制理论的初步探索阶段可以追溯到20世纪初期,当时的内部控制主要集中在防范舞弊和保护资产安全方面。这一时期的内部控制概念相对狭窄,主要关注会计记录的完整性和交易的合法性,通过设立严格的账务程序和审核机制,确保企业的财务信息不被篡改或虚报。尽管这种内部控制的早期形式在功能上有所局限,但它为后来的理论发展奠定了基础。

随着企业规模的扩大和业务复杂性的增加,管理者逐渐认识到单纯的财务控制不足以应对日益复杂的经营环境。内部控制的范畴开始从简单的账务控制扩展到涵盖整个业务流程的管理控制。这一阶段的探索使得内部控制从单一的财务防范工具，逐渐演变为一套综合性的管理机制，涵盖了资产保护、运营效率提升以及合规管理等多个方面。

内部控制理论的初步探索阶段，虽然理论框架尚不成熟，但其在实践中的应用已初见成效。通过不断实践和总结，管理者逐步积累了大量经验，为内部控制理论的进一步发展提供了宝贵的实践基础。这一阶段的探索表明，内部控制不仅是财务管理的重要工具，更是企业实现高效管理和防范风险的重要手段。

（二）内部控制框架的成熟与完善

随着经济环境的复杂化和管理需求的提升，内部控制理论在20世纪中后期逐步走向成熟与完善。特别是在1980年代，随着《COSO报告》的发布，内部控制理论迎来了一个重要的发展阶段。《COSO报告》提出了一个综合性的内部控制框架，包括控制环境、风险评估、控制活动、信息与沟通、监督与反馈五个要素。这一框架的提出，不仅规范了内部控制的定义和内容，还为企业如何实施有效的内部控制提供了系统性指导。

内部控制框架的成熟与完善，不仅体现在理论上的系统化，更体现在实践中的可操作性。《COSO报告》框架使得内部控制不再局限于财务领域，而是扩展到了企业管理的各个层面，包括战略决策、运营管理、风险控制等。这一框架强调了内部控制的全面性和动态性，要求企业在不断变化的环境中持续评估和优化其控制措施，以应对新的风险和挑战。这种系统化的框架不仅提高了内部控制的有效性，也增强了企业在复杂环境中的应对能力。

内部控制框架的成熟与完善标志着内部控制理论进入了一个新的发展阶段。通过《COSO报告》的引导，内部控制理论得到了广泛应用和实践验证，成为企业管理中不可或缺的组成部分。这一阶段的理论发展，使得内部控制从传统的防范工具转变为企业战略管理的重要支撑，为后续的理论创新和发展奠定了坚实的基础。

（三）风险导向的内部控制理论

在内部控制理论的发展过程中，风险导向的内部控制理念逐渐成为主流。这一理念强调企业在设计和实施内部控制时，应以风险识别和管理为核心，确保企业在不断变化的内外部环境中能够有效应对各种风险。风险导向的内部控制理论不仅关注传统的财务风险，还扩展到包括运营风险、战略风险和合规风险在内的更广泛的风险领域，这种理论的出现极大地丰富了内部控制的内涵和应用范围。

风险导向的内部控制理论主张，通过系统的风险评估，企业可以识别出最有影响其目标实现的关键风险点，从而制定有针对性的控制措施。这一理论不仅要求企业在日常运营中关注风险的变化，还强调了对潜在风险的前瞻性管理。通过不断的风险评估和控制活动，企业能够在早期发现问题并采取相应的措施，减少风险对企业的影响。这种预防性和主动性的控制方式，使得企业能够更加灵活和有效地应对复杂的环境变化。

风险导向的内部控制理论为企业提供了一个动态且全方位的风险管理框架。它促使企业将风险管理融入到战略规划和日常运营中，形成了一个从风险识别、评估、应对到监控的闭环管理系统。这一理论的发展，不仅增强了内部控制的实际效果，还为企业在全球化和信息化背景下的管理提供了更加科学和系统的指导。

三、国内外研究现状与进展

在国内外关于财务管理与内部控制的研究已取得了显著进展。国外方面，研究主要集中在内部控制与企业绩效、风险管理、公司治理之间的关系上。美国的《萨班斯-奥克斯利法案》促使学者们深入研究内部控制对提高财务信息透明度和降低财务舞弊风险的作用。随着大数据和信息技术的发展，国外研究也关注如何利用科技手段优化内部控制系统，提高管理效率和精准性。国内方面研究者主要关注于如何将国际先进的财务管理和内部控制理念与中国的具体经济环境和管理实践相结合。国内学者探讨了事业单位和国有企业内部控制的特殊性，强调加强内部控制在防范腐败、提高公共资金使用效率方面的重要性。随着中国市场经济体制的逐步完善，越来越多的研究关注中小企业如何建立和完善内部控制体系，以提升其市场竞争力和抵御风险的能力。

（一）国外财务管理与内部控制研究的现状

国外财务管理与内部控制的研究在过去几十年中取得了显著进展，形成了较为成熟的理论体系和丰富的实证研究成果。西方国家，尤其是美国，在财务管理与内部控制领域的研究一直处于全球领先地位。以《COSO报告》为代表的内部控制框架，不仅规范了内部控制的核心要素，还推动了全球企业在财务管理中广泛应用这一框架。与此同时，国外研究还深入探讨了资本市场对财务管理的影响，企业在不同资本结构下的财务决策，以及如何通过内部控制防范财务舞弊和提升企业价值。

近年来随着科技的进步，国外的研究更加关注新技术对财务管理与内部控制的影响。大数据、人工智能和区块链技术逐渐被纳入研究范畴，研究者探索这些技术如何提升财务管理的精准性、实时性以及内部控制的有效性。企业社会责任（CSR）与环境、社会和治理（ESG）因素也成为国外财务管理与内部控制研究的重要内容。这些研究不仅丰富了理论框架，还为企业实践提供了新的思路和方法。

（二）国内财务管理与内部控制研究的现状

国内财务管理与内部控制的研究相较于国外起步较晚，但近年来发展迅速，逐步形成了具有中国特色的理论和实践模式。在财务管理方面，国内研究者主要关注企业在不同经济体制下的财务决策行为，探讨如何在市场经济条件下实现资源的最优配置。随着中国经济的快速发展和企业国际化步伐的加快，国内研究也逐渐关注资本市场对企业财务管理的影响，特别是如何在复杂的市场环境中进行有效的资本运作和风险管理。

在内部控制研究方面，国内学者主要以《COSO报告》为基础，结合中国企业的实际情况，探索适应本土环境的内部控制框架与机制。近年来随着国家对企业内部控制的重视，国内研究者开始深入探讨内部控制在企业风险防范、合规管理和治理结构优化中的作用。随着信息化进程的加快，国内研究也开始关注如何利用信息技术手段提升内部控制的效率和效果，推动企业管理的现代化和智能化。

国内的财务管理与内部控制研究已经取得了一定的成就，但仍需进一步深化。尤其是在理论创新和国际接轨方面，国内研究仍有较大提升空间。未来国内研究应继续结合中国经济发展的实际需求，推动财务管理与内部控制理论的本土化与实践化，为中国企业的可持续发展提供有力的理论支持。

(三) 国内外研究的比较分析

国内外在财务管理与内部控制研究上各有侧重，反映了不同经济环境和文化背景下的管理需求和研究重点。国外研究由于起步早、基础雄厚，其理论体系较为成熟，研究方法多样化，尤其是在资本市场运作、跨国企业管理以及新兴技术应用等方面，已经形成了较为系统的理论成果。国外研究更强调财务管理与内部控制的科学性和普适性，注重通过量化模型和实证分析来验证理论假设，这使得其研究成果具有较强的应用性和推广性。

国内研究更多聚焦于中国经济转型和企业发展过程中遇到的实际问题，具有很强的现实针对性。由于中国市场经济发展较晚，企业在财务管理和内部控制方面的经验相对不足，因此国内研究往往从政策导向、制度建设和企业实践出发，探讨如何构建适应本土环境的管理模式。国内研究在结合中国特有的文化和市场环境方面具有优势，能够为本土企业提供更加贴合实际的管理建议。国内研究在理论创新和与国际前沿接轨方面还有待提升，尤其是在研究方法的科学性和实证分析的深度上，仍需向国外研究学习和借鉴。

国内外研究各有所长，未来两者的进一步融合和互补将有助于推动财务管理与内部控制理论的全球发展。通过借鉴国外的先进理论和方法，结合国内的实际情况，国内研究有望在全球财务管理与内部控制领域占据更加重要的地位，为中国企业的国际化进程提供更强有力的理论支持。

(四) 未来研究的重点与方向

未来，财务管理与内部控制的研究将继续向深度和广度拓展，重点关注新兴技术的应用、全球化背景下的风险管理，以及可持续发展目标的实现。在新兴技术方面，随着大数据、人工智能、区块链等技术的不断发展，如何将这些技术与财务管理和内部控制有机结合，将成为研究的一个重要方向。研究者将探索这些技术如何提升财务决策的科学性、控制措施的精准性以及管理流程的智能化，为企业在数字经济时代的财务管理提供创新解决方案。

在全球化背景下跨国企业的财务管理与内部控制面临着更加复杂的挑战。未来研究将更加关注跨国经营中的汇率风险、跨境资本流动风险以及不同国家法律法规带来的合规风险。研究者将探讨如何通过更加灵活和多元化的控制手段，帮助企业在全球市场中保持财务稳健和竞争力。这些研究不仅有助于提高企业的国际化管理水平，也为全球化背景下的财务管理理论提供新的视角和思路。

随着全球可持续发展议程的推进，未来研究还将进一步关注财务管理与内部控制在推动企业社会责任（CSR）和环境、社会与治理（ESG）方面的作用。研究者将探索如何通过财务管理与内部控制，帮助企业实现经济效益与社会效益的平衡，推动企业在追求经济增长的也能够积极履行社会责任，促进可持续发展。通过这些研究，财务管理与内部控制理论将不断丰富和完善，为企业应对未来的挑战提供更加全面和系统的理论支持。

四、理论的应用与实践发展

理论的应用与实践发展主要体现在将财务管理与内部控制相结合，以提升组织的整体管理效能。通过在预算管理、资金使用、资产保护和财务信息管理中实施内部控制，组织能够有效防范风险、提高资源利用效率和确保合规性。这些理论在实际操作中，推动了管理流程的优化和透明度的提高，为组织的稳健发展和战略目标的实现提供了有力支持，同时也增强了组织在复杂多变环境中的应变能力。

（一）财务管理理论在企业实践中的应用

财务管理理论在企业实践中的应用极大地推动了企业运营效率的提升和资源的最优配置。现代企业在激烈的市场竞争中，财务管理不仅是确保企业正常运转的基本保障，更是战略决策的核心支撑。企业通过应用财务管理理论，能够科学地进行资金筹集、成本控制、投资决策和利润分配，从而最大化股东价值并实现可持续发展。

在实际应用中企业普遍采用预算管理、资本结构优化和成本管理等理论来指导日常运营。例如通过合理的预算编制与执行，企业可以确保各项支出符合整体战略目标，并有效控制成本，避免资源浪费。财务管理理论中的资本结构理论帮助企业在权益资本与债务资本之间找到最佳平衡点，从而降低资本成本，提升企业价值。企业还利用现金流管理理论，确保在复杂的市场环境中保持充足的流动性和财务稳健性，这些都为企业的长远发展奠定了坚实的基础。

随着市场环境的变化，企业在实践中也面临新的挑战，例如如何在全球化背景下管理跨国资本流动和汇率风险，如何在数字经济时代应用大数据分析优化财务决策等。这些新问题要求企业不断更新财务管理理念，并结合现代科技手段，探索新的应用模式，从而在日益复杂的市场中保持竞争力。财务管理理论的实践应用不仅帮助企业实现当前的运营目标，还推动了企业不断创新与发展。

（二）内部控制理论在公共部门的应用

内部控制理论在公共部门的应用是确保政府和公共机构运营透明性、合规性和效率的重要手段。与私营企业相比，公共部门的管理更具复杂性，涉及众多利益相关者，要求高度透明和严格的合规控制。内部控制理论为公共部门提供了系统性的管理框架，帮助其在复杂的行政事务中保持规范操作，确保公共资源的合理使用和风险的有效管理。

在公共部门的实际应用中内部控制理论被广泛应用于预算管理、财政资金分配、公共项目管理等领域。通过设立明确的职责分离、权限控制和审计监督机制，内部控制确保了公共资金的使用符合既定目标，防止资源浪费和腐败行为。例如财政部门通过内部控制框架，可以有效监督各级预算单位的资金使用情况，确保资金流向透明，并及时纠正违规行为。内部控制还帮助公共部门在项目管理中识别和管理风险，确保公共项目按时、按质完成，符合社会和经济效益的要求①。

尽管内部控制在公共部门的应用取得了显著成效，但仍然面临诸多挑战，例如如何适应政策变化带来的管理需求，如何在信息化背景下提升内部控制的智能化水平等。这些挑战促使公共部门不断完善内部控制体系，并结合现代信息技术，探索更加高效的管理模式，从而提升公共服务质量和社会治理水平。内部控制理论在公共部门的应用不仅提升了公共管理的科学性和透明度，也推动了公共治理的持续创新与发展。

（三）理论指导下的财务管理与内部控制案例

理论指导下的财务管理与内部控制案例提供了宝贵的实践经验，展示了如何通过科学的管理理论实现企业和公共部门的高效运营和风险控制。在企业中，成功的案例往往表现在通过严格的预算管理、资本结构优化和内部审计等手段，实现了企业的财务稳健和战略目标。例如某些跨国企业通过应用资本结构理论，成功降低了融资成本，优化了资本配置，同时通过内部控制加强了对海外分支机构的资金管理，避免了汇率波动带来的财务风险。

在公共部门，典型的案例包括某些国家或地区通过加强预算控制和绩效管理，显著提升了公共资金的使用效率。例如一些地方政府通过实施基于内部控制理论的全面预算管理制度，确保了各项公共支出项目的透明性和可追溯性，减少了资源浪费和腐败行为。这些成功案例展示了如何将理论应用于实际操作中，不仅提高了管理效率，还增强了组织对风险的抵御能力。

这些案例也提醒，尽管理论提供了指导方向，但实际应用中仍需结合具体环境进行调整和创新。成功的管理实践往往是理论与实际情况有机结合的结果。例如在面对复杂的全球市场或公共事务时，企业和公共部门需要根据实际情况调整财务管理和内部控制策略，灵活应对各种挑战。通过这些案例的分析，可以看到，理论不仅指导了实践的发展，也通过实践的反馈推动了理论的不断完善和创新。

---

① 王后琴. 探讨事业单位内部控制体系的构建与完善 [J]. 品牌研究, 2023. (23)：19-23.

第二章 事业单位财务管理现状分析

第一节 事业单位财务管理的现行制度

一、财务管理制度概述

财务管理制度是指组织为规范财务活动、提高资金使用效率、保证财务信息准确性和安全性而制定的一系列规则、流程和标准。它涵盖了预算管理、资金筹措与使用、成本控制、资产管理、财务报告和审计等方面。有效的财务管理制度能够确保财务活动的合法性、合规性和透明度，防止舞弊和资金浪费，并为管理层的决策提供可靠的数据支持。通过系统化的财务管理制度，组织能够实现资源的最优配置，提升整体管理水平和市场竞争力。

（一）财务管理制度的基本框架

财务管理制度的基本框架是组织确保财务活动规范化、系统化的基础。这个框架涵盖了从资金筹集、预算编制、成本控制到财务报告的整个过程，为企业或组织的财务运作提供了清晰的结构和指导方针。通过建立一套完善的财务管理制度，组织能够确保财务活动的有序进行，防范财务风险，并提高资源利用效率。基本框架不仅包括具体的操作程序，还涉及到管理的原则和目标，确保财务管理能够支持组织的整体战略目标。

在实践中财务管理制度的基本框架通常由多个关键要素组成，包括资金管理、预算管理、成本控制、资产管理和财务报告等。这些要素相互关联，共同构成了一个完整的财务管理体系。例如预算管理制度通过详细的预算编制和执行流程，确保资金使用的合理性和效率；资金管理制度则通过严格的资金调度和控制，确保组织的资金流动性和安全性。这种全面的管理框架，帮助组织在日常运营中保持财务稳定,并为长期发展提供支持。

财务管理制度的基本框架是组织实现财务目标的重要工具。通过规范化和系统化的管理,组织能够在复杂的市场环境中保持财务稳健,确保各项财务活动能够支持组织的战略发展。这一框架不仅提升了管理的透明度和效率,还为组织的可持续发展奠定了坚实的基础。具体财务管理制度基本框架如图2-1所示。

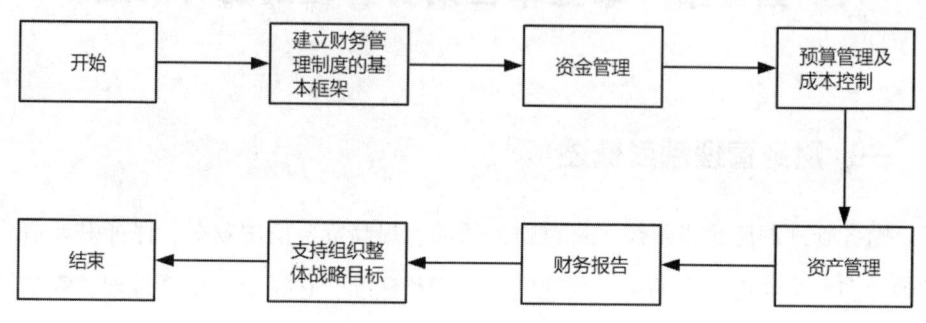

图2-1 财务管理制度基本框架

（二）财务管理制度的制定原则

财务管理制度的制定原则是确保制度科学性和可操作性的关键。这些原则为制度的设计提供了方向和依据,确保各项财务活动能够在合理、合规的基础上进行。制定财务管理制度时,首先需要遵循合法性原则,确保制度符合国家法律法规和行业规范。这不仅保障了财务活动的合法性,也为组织在法律框架内进行经营提供了依据。科学性原则要求制度设计时充分考虑企业的实际情况和管理需求,通过合理的制度设置,确保财务活动的有效性和可执行性。

透明性和可操作性是制定财务管理制度时的另两个重要原则。透明性要求财务管理制度明确规定各项财务活动的流程和责任,确保信息的公开和共享,从而增强管理的公信力和透明度。可操作性则强调制度设计应简明易行,能够在实际操作中有效落地,避免制度过于复杂或形式化,导致执行困难。这些原则共同作用,使得财务管理制度不仅具有理论上的严谨性,还具备实际操作中的可行性,确保制度能够在组织中发挥应有的作用。

财务管理制度的制定原则不仅确保了制度的科学性和合理性,还为制度的有效执行奠定了基础。通过遵循这些原则，组织能够制定出符合自身实际情况、具有可操作性的财务管理制度，确保财务活动的规范化和高效性。这些原则为组织在日益复杂的市场环境中保持财务稳健提供了重要保障，同时也为财务管理的持续优化和发展提供了方向。具体财务管理制度制定的关键原则如表 2-1 所示。

表 2-1　财务管理制度制定的关键原则

序号	制定原则	描述	作用与意义
1	合法性原则	确保制度符合国家法律法规和行业规范	保障财务活动的合法性，为组织合法经营提供依据
2	科学性原则	充分考虑企业实际情况和管理需求	提高制度的有效性和针对性，确保财务活动可执行
3	透明性原则	明确规定财务活动流程和责任，信息公开共享	增强管理的公信力和透明度，确保信息的公开性
4	可操作性原则	制度设计简明易行，便于实际操作	避免制度复杂化或形式化，确保制度有效落地
5	效率原则	提高财务管理的效率，减少不必要的程序和复杂性	确保财务活动快速响应和灵活处理，提高管理效率

(三) 财务管理制度的执行与监督

财务管理制度的执行与监督是确保制度落地并产生实际效果的关键环节。制度的有效执行要求组织内各级人员严格按照既定的财务管理程序和规范进行操作，确保各项财务活动的合法性、规范性和透明性。执行过程中，组织必须明确各部门和岗位的职责，确保责任到人，避免因为责任不清或执行不力导致制度流于形式。有效的执行不仅需要有明确的制度支持，还需要有强有力的领导推动和全员的理解与配合。

仅有制度的执行还不足以确保财务管理的有效性，必须辅之以严密的监督机制。监督机制的设立旨在通过持续的监控和评估，确保制度在执行过程中不偏离既定目标，并能够及时发现和纠正问题。这包括内部审计、定期检查、财务报告审核等多种形式，通过这些手段，组织能够及时识别财务管理中的潜在风险，并采取相应措施予以控制。外部审计和监管也是监督机制的重要组成部分，它们提供了独立的第三方视角，帮助组织发现内部管理中的盲点和漏洞。

财务管理制度的执行与监督是确保制度发挥应有作用的保障。通过有效的执行，组织能够确保各项财务活动按计划进行；通过严格的监督，组织能够及时发现和纠正执行中的偏差，确保财务管理的持续改进和完善。这种执行与监督的结合，不仅提高了财务管理的有效性，还为组织的财务健康和可持续发展提供了强有力的支持。

（四）财务管理制度的优化与改进

财务管理制度的优化与改进是应对内外部环境变化、提升管理效率的重要途径。在动态的市场环境中，组织的财务管理制度需要不断调整和完善，以适应新出现的挑战和机遇。优化与改进不仅是对现有制度的修正，更是对未来出现的问题的前瞻性应对。通过持续的优化，财务管理制度能够保持与组织发展战略的一致性，并为组织的长远发展提供稳定的财务支持。

优化与改进的过程通常从制度的评估开始，通过内部审计、绩效评估和反馈机制，组织能够识别出当前制度中的不足和改进空间。例如随着信息技术的发展，许多企业在财务管理中引入了自动化和智能化手段，以提高效率和准确性。在这种情况下，财务管理制度需要相应调整，以适应新技术的应用，确保制度与操作流程的无缝衔接。外部环境的变化，如法律法规的更新、市场条件的变化等，也要求组织及时调整和完善其财务管理制度，以保持合规性和竞争力。

财务管理制度的优化与改进不仅是制度建设的重要环节，也是提升组织管理水平的关键途径。通过不断的优化，组织能够确保财务管理制度始终符合内外部环境的要求，并有效支持组织的运营和发展。这种持续改进的过程，不仅提高了财务管理的效率和效果，还增强了组织应对变化和挑战的能力，为实现长期稳定发展提供了坚实的基础。

二、预算管理制度

预算管理制度是指组织为合理规划和控制财务资源而建立的管理体系，涵盖预算编制、执行、监督和调整等环节。该制度通过对未来收入和支出的详细预测和安排，确保资源的有效分配和使用，实现组织的战略目标。在预算编制阶段，预算管理制度要求科学的预测和广泛的参与，确保预算的准确性和可行性。执行阶段，严格的审批程序和监控机制可以防止超支和资金挪用。通过定期的预算分析和反馈，预算管理制度能够及时调整预算计划，确保组织财务管理的灵活性和适应性。

（一）预算编制的基本流程

预算编制的基本流程是预算管理制度的核心，它决定了组织如何规划和分配资源，以实现其战略目标。预算编制通常从对未来经济环境、市场条件和组织内部需求的全面分析开始。在这个阶段管理层需要根据战略目标确定整体预算框架，并将其分解为各个部门和项目的具体预算目标。这一过程涉及广泛的沟通与协作，确保每个部门的预算需求与组织的整体目标相一致。

一旦预算框架确定，具体的编制工作开始，包括收入预测、成本估算和资金分配。各部门根据自身的运营计划，编制详细的预算方案，并提交给财务部门进行汇总和审查。在这一过程中，财务部门不仅要确保各部门的预算合理可行，还需考虑整体资金的平衡和分配的优先级。通过反复的讨论与调整，最终形成一份综合预算方案，提交给管理层审批。管理层的审批不仅是对预算数字的确认，更是对战略资源配置的最终决策，确保预算能够有效支持组织的长期发展目标①。

预算编制的基本流程不仅是技术性的操作，更是战略决策的重要组成部分。通过科学合理的预算编制，组织能够在资源有限的情况下，实现资源的最优配置，支持其战略目标的实现。这个流程需要系统的规划和严格的控制，以确保预算的准确性和执行的可行性，从而为组织的成功运作提供坚实的财务基础。

（二）预算执行的控制与监督

预算执行的控制与监督是确保预算管理制度有效落实的关键环节。预算的执行情况直接关系到组织资源的使用效率和财务目标的实现。在预算执行过程中，组织必须严格按照批准的预算进行操作，确保各项支出符合预算规定，避免资源

---

① 冯杰. 全面预算管理对事业单位财务管理的影响及对策研究［J］. 社会科学前沿，2024，13（7）：5.

的浪费和资金的挪用。控制与监督机制的设立，旨在实时监控预算执行情况，及时发现偏差并进行纠正，确保预算的有效落实。

预算执行控制的第一步是设立严格的审批程序和支出控制措施，所有支出必须经过授权并符合预算计划。财务部门在这一过程中起着核心作用，负责对各项支出进行审核，确保其符合预算要求。预算执行还需要持续的监督与跟踪。通过定期的财务报告和预算执行分析，管理层能够实时掌握预算执行情况，及时发现的超支或未达预期的情况。对于发现的问题，必须迅速采取纠正措施，以确保整体预算目标的实现。

预算执行的控制与监督不仅是财务管理的技术操作，也是战略实施的重要保障。通过有效的控制与监督，组织能够确保预算执行的严肃性和规范性，防止资源的浪费和管理漏洞的产生。这一过程还为组织提供了反馈信息，有助于在预算管理中积累经验，不断完善预算编制和执行的流程，提升预算管理的整体水平。

（三）预算调整与分析机制

预算调整与分析机制是预算管理制度中必不可少的部分，特别是在应对动态环境和变化的经营条件时显得尤为重要。尽管预算在制定时是基于对未来的合理预期，但实际执行中往往会遇到各种无法预见的变化，如市场波动、政策调整或突发事件等，这些都使原定预算不再完全适用。建立灵活的预算调整机制，确保预算能够根据实际情况及时调整，是维持组织财务管理有效性的关键。

预算调整的过程通常从对预算执行情况的定期分析开始。通过对实际支出和收入的比较，财务部门可以识别出与预算目标的偏差，并分析产生偏差的原因。在分析的基础上，组织可以进行必要的预算调整，如重新分配资金、削减不必要的支出或增加资源投入。调整的过程需要经过严格的审批，以确保每一次调整都是基于充分的理由和分析，且符合组织的整体战略目标。

预算调整与分析机制不仅是应对变化的工具，也是提升预算管理水平的重要手段。通过这一机制，组织可以确保其预算始终与实际运营情况保持一致，避免因市场环境或内部因素的变化而导致预算失控。定期的预算分析和调整过程，也为组织在未来的预算编制中提供了宝贵的经验和数据支持，有助于持续优化预算管理流程，提高资源配置效率[①]。

（四）预算管理的绩效评估

预算管理的绩效评估是衡量预算执行效果、检验预算管理制度有效性的关键步骤。通过对预算执行结果的系统评估，组织能够了解预算目标的实现情况，并识别出在预算编制、执行和调整过程中存在的优点与不足。绩效评估不仅帮助管理层审视过去的财务管理过程，还为未来预算的优化提供数据支持和决策依据，确保预算管理持续改进和提升。

绩效评估的第一步是对预算执行的结果进行分析，比较实际结果与预算目标之间的差距。通过这种对比分析，财务部门可以识别出预算执行中的成功经验和偏差原因，从而总结出有效的管理措施。评估过程还包括对预算管理制度本身的审查，分析其在预算编制、执行控制和调整机制中的有效性。通过这些分析，管理层能够发现制度中的薄弱环节，并据此进行制度改进。

预算管理的绩效评估应以提升未来预算管理质量为目标。这不仅要求对过去的预算执行进行客观评价，还需要提出具体的改进建议，指导下一轮预算的编制和管理。通过持续的绩效评估，组织能够不断优化其预算管理流程，确保资源的有效利用和战略目标的实现。这种持续改进的过程，不仅提高了预算管理的效率，也增强了组织应对未来不确定性的能力，为其长期稳定发展提供了坚实的财务保障。

三、资金管理制度

资金管理制度是指组织为了确保资金的安全性、流动性和有效性而制定的一系列管理政策和操作规范。该制度涵盖资金的筹集、使用、调度和监督等环节，通过严格的审批流程、风险控制措施和监督机制，确保资金的合法合理使用。资金管理制度的核心是优化资本结构，降低融资成本，提高资金利用效率。通过定期的资金审计和监控，制度能够及时发现和防范资金管理中的风险，如资金流

[①] 孙铭. 事业单位财务共享服务中心建设研究 [D]. 东北财经大学, 2022.

失、挪用或不足等问题，从而保障组织财务的稳健运行和长期发展。

（一）资金筹集与配置策略

资金筹集与配置策略是资金管理制度的核心组成部分，直接关系到企业的财务稳定性和发展潜力。资金筹集是企业获取所需资金以支持运营和投资的过程，而资金配置则是对这些资金的合理分配和使用，以实现最大效益。在现代企业中，制定科学合理的资金筹集与配置策略，能够有效降低融资成本，优化资本结构，确保企业在市场竞争中保持财务稳健。

资金筹集策略通常包括股权融资、债务融资和内部融资等多种方式。企业在选择筹资方式时，需要综合考虑资金成本、融资风险和资本结构的优化等因素。例如股权融资虽然不增加企业负债，但稀释原有股东权益；而债务融资则可以享受税收优惠，但过高的负债水平增加财务风险。企业必须根据自身的财务状况和发展需求，制定适合的筹资策略，并灵活调整以应对市场变化。在资金配置方面，企业应确保筹集到的资金能够合理分配到各项经营和投资活动中，优先支持那些能带来最大回报的项目，并通过严格的预算和成本控制，提升资金使用效率。

资金筹集与配置策略不仅是企业资金管理的基础环节，也是其财务战略的重要组成部分。通过科学的筹集与配置策略，企业可以在竞争激烈的市场环境中保持资金链的稳健，支持企业的持续发展和战略目标的实现。这一过程需要持续的市场监测和策略调整，以确保资金管理始终符合企业的长期利益。

（二）资金使用的审批与控制

资金使用的审批与控制是资金管理制度中的关键环节，直接影响企业的财务纪律和资源利用效率。有效的资金使用审批与控制机制，能够确保每一笔资金支出都有明确的目的和合理的依据，防止资源浪费和资金挪用，提升企业的财务透明度和管理水平。在日常运营中严格的审批与控制程序，有助于企业将有限的资金投入到最有价值的项目中，从而实现最大化的经济效益。

资金使用的审批过程通常包括申请、审核、批准和执行四个主要步骤。各部门根据业务需求提出资金使用申请，详细说明支出目的、金额和预期效果。财务部门对申请的合理性进行审核，评估其与预算的符合度以及资金使用的必要性。由管理层或授权人员进行最终审批，确保资金支出符合企业的战略目标和财务状况。在资金使用过程中，还需对实际支出进行严格监控，确保资金使用与审批内容一致，并在执行后进行必要的审计和评估，检查资金使用的效果和效益。

资金使用的审批与控制不仅是防范财务风险的重要手段，也是提升企业管理效率的关键措施。通过严格的资金使用控制，企业能够避免不必要的支出，优化资源配置，确保资金能够有效支持企业的运营和发展。这种控制机制还能够提升企业的内部管理水平，增强企业的财务透明度和合规性，为企业的长远发展奠定坚实基础。

（三）资金调度与流动性管理

资金调度与流动性管理是资金管理制度中保障企业财务安全和运营稳定的关键环节。在企业的日常运营中，资金的合理调度和流动性管理直接影响着企业的偿债能力、资金周转效率以及整体财务健康状况。有效的资金调度策略能够确保企业在保持足够流动性的前提下，最大化发挥资金的使用效率，而流动性管理则通过对短期资金需求的预测和控制，防范流动性风险，确保企业的正常运转。

资金调度涉及企业内部和外部资金的合理配置和调整，以满足不同业务单元和项目的资金需求。企业应根据经营计划和现金流预测，制定科学的资金调度方案，确保资金在不同部门和项目间的合理分配。资金调度不仅要考虑当前的运营需求，还需为潜在的紧急情况预留充足的资金储备，以应对市场波动和突发事件。企业应通过流动性管理，定期监控和评估企业的现金流状况，确保资金周转顺畅，避免因流动性不足导致的财务困境。

（四）资金管理的风险防控

资金管理的风险防控是确保企业财务稳健、避免财务危机的重要措施。资金管理中潜在的风险主要包括资金流动性风险、信用风险、市场风险和操作风险等，这些风险一旦失控，导致企业资金链断裂，甚至引发严重的财务危机。建立完善的资金管理风险防控机制，是企业财务管理制度中不可或缺的一部分，也是企业保持长期稳健发展的关键所在。

风险防控的第一步是识别和评估资金管理中存在的各类风险。企业应通过全面的风险评估，了解资金管理中的薄弱环节，并制定针对性的风险控制措施。例如为防范流动性风险，企业可以设置最低现金储备标准，确保在任何情况下都有足够的资金应对短期负债；针对信用风险，企业应严格评估交易对手的信用状况，并通过合同条款和担保措施降低风险。与此市场风险的防范则需要企业密切关注金融市场的变化，合理配置资金，避免因市场波动造成的损失。

资金管理的风险防控不仅是保障企业财务安全的必要手段，也是提升企业竞争力的重要措施。通过建立健全的风险防控机制，企业能够提前识别和应对资金管理中的各类风险，确保资金流动性和财务稳定性。这不仅增强了企业在复杂市场环境中的生存能力，也为企业的持续发展奠定了坚实的财务基础。有效的风险防控不仅能够降低企业运营中的不确定性，还能够为企业创造更大的财务安全和市场竞争优势。

四、收支管理制度

收支管理制度是指组织为规范收入和支出活动，确保财务稳定性和资金使用效率而制定的管理规则和流程。该制度涵盖收入的确认、记录、管理，以及支出的审批、控制和监督等方面。通过明确收入来源和标准，收支管理制度确保收入的合法性和完整性；在支出方面通过设定审批权限、预算控制和监控机制，防止超预算和不合理支出。收支管理制度还要求定期审核和报告，以确保财务信息的准确性和透明度，为组织的决策提供有力支持，促进财务健康和资源的优化配置。

（一）收入管理的核算与控制

收入管理的核算与控制是收支管理制度中的重要组成部分，直接关系到组织的财务健康和运营效果。收入核算涉及对组织所获得的各类收入进行准确记录和分类，以确保财务报表的真实性和完整性。收入控制通过设立严格的流程和标准，确保所有收入都能及时、准确地入账，避免漏记、少记或错误记录，从而保障组织的财务透明度和规范性。

在实际操作中收入管理的核算要求对不同来源的收入进行详细的记录和分类，包括主营业务收入、投资收益和其他经营收入等。每一类收入都需要按照规定的会计准则进行核算，确保其反映在财务报表中的信息准确无误。收入控制则强调在收入确认、收款和入账等环节设立合理的控制措施，如定期对账、收入确认审批以及收入异常情况的监控等。这些措施能够有效防范收入管理中的风险，确保组织的收入管理在合法、合规的框架内进行。

收入管理的核算与控制不仅是确保财务报告准确性的关键，也为组织的财务决策提供了可靠的数据支持。通过严格的核算和有效的控制，组织能够全面掌握收入情况，提高财务管理的透明度和科学性，进而增强财务管理的整体效能。这一过程为组织的长期财务健康和可持续发展奠定了坚实的基础。

（二）支出管理的标准与规范

支出管理的标准与规范是确保组织资源合理使用和控制成本的重要手段。在收支管理制度中，支出管理不仅涉及如何有效地分配和使用资金，还需要严格控制各类支出，以避免浪费和超支。建立并遵守明确的支出标准和操作规范，能够确保支出过程的透明性和合规性，从而维护组织的财务稳健和资源使用效率。

支出管理的标准通常包括对各类支出项目设定具体的预算上限和支出标准。这些标准根据组织的财务规划和预算要求制定，并经过管理层的审批，以确保其符合整体战略目标。在支出过程中，各部门需要严格按照既定的标准和规范执行，任何超预算或不合理的支出都需要经过严格的审批程序。支出管理还需要制定相应的操作规范，涵盖支出申请、审批、执行和支付等环节，以确保每一笔支出都能够经得起审计和监督。

通过严格的支出管理标准与规范，组织能够有效控制成本，避免资源浪费，确保每一笔资金都用于最需要的地方。这不仅提升了组织的资金使用效率，还增强了其财务管理的透明度和公信力。标准化和规范化的支出管理，为组织的运营提供了有力的财务支持，也为实现其战略目标创造了更有利的条件。

(三) 收支平衡与现金流管理

收支平衡与现金流管理是确保组织财务稳定性和持续运营能力的关键环节。收支平衡是指在一定期间内，组织的收入与支出之间保持合理的比例，以避免出现资金短缺或过度支出的情况。现金流管理则是通过对资金的合理调度，确保组织在日常运营和应对突发情况时，都能保持充足的现金流，从而保障财务安全和经营的连续性。

在实际管理中收支平衡首先要求组织在预算编制和执行过程中，合理预测收入和支出，确保两者之间的匹配。这需要组织在制定预算时，充分考虑市场环境、运营需求和财务波动，并在预算执行过程中，实时监控收支情况，避免出现大的偏差。现金流管理则进一步要求组织对资金流动进行精细化管理，通过制定合理的现金流计划、优化收款与付款周期、以及建立现金储备机制，确保组织在任何情况下都能保持足够的现金储备。

收支平衡与现金流管理在收支管理制度中具有重要地位。通过科学的收支平衡和有效的现金流管理，组织能够确保其财务稳健性，避免因资金流断裂或不合理的资金使用而导致的财务危机。这不仅提高了组织应对市场变化的能力，也为其长期稳定发展提供了有力的财务保障。

(四) 收支管理的报告与审计

收支管理的报告与审计是确保组织财务透明度和合规性的重要环节。在收支管理制度中，定期的财务报告和审计程序能够全面反映组织的财务状况和收支活动，帮助管理层和利益相关者了解组织的财务健康状况，识别潜在的财务问题，并采取相应的管理措施。通过严密的报告与审计机制，组织可以有效防范财务风险，确保收支管理的规范性和可持续性。

财务报告是收支管理的重要输出，要求组织定期编制详细的收入与支出报表，涵盖各类财务活动的结果和分析。这些报告不仅提供了收支数据，还分析了收支偏差及其原因，为管理层决策提供依据。财务报告的准确性和及时性至关重要，能够帮助组织在财务管理中保持透明和可信。定期的审计是对财务报告的独立性验证,通过内部审计和外部审计相结合,组织能够确保收支管理的真实性和合规性,发现并纠正财务管理中的问题①。

收支管理的报告与审计不仅是财务管理的基本要求,也是提升管理透明度和公信力的重要手段。通过严格的报告和审计机制,组织能够确保财务数据的准确性和完整性,增强内部控制的有效性。这一过程有助于管理层全面掌握财务状况,及时发现潜在风险,从而采取有效的应对措施,保障组织的财务健康和可持续发展。

第二节 事业单位财务管理中的主要问题

一、预算执行问题

预算执行过程中常见的问题主要包括预算偏差、超支和资金挪用、预算执行不力等。预算偏差是指实际支出与预算计划之间存在较大差异,通常由于预算编制不科学、市场变化或内部管理问题引起。超支和资金挪用是指在未经批准的情况下,实际支出超过预算或资金被用于非预算项目,这会导致资金不足和财务风险增加。预算执行不力则表现为预算执行过程中缺乏有效监督和管理,导致资金使用效率低下和资源浪费。解决这些问题需要加强预算编制的科学性、完善审批和监控机制,以及建立健全的内部控制体系,确保预算执行的合规性和有效性。

(一)预算执行偏差的成因分析

预算执行偏差是指实际执行的预算结果与原定预算目标之间的差异,这种偏差给组织的财务稳定和目标实现带来挑战。预算执行偏差的成因复杂多样,通常涉及内外部因素的共同作用。外部因素如经济环境的变化、政策调整、市场需求波动等,都会影响预算的执行结果。例如宏观经济形势的突然变化导致组织收入

---

①于海霞.对行政事业单位会计人员素质的研究[J].学术期刊,2022(10).

预期偏差，从而影响整体预算执行。市场价格波动、供应链中断等不可控因素也使得预算执行与预期出现显著偏离。

内部因素同样是预算执行偏差的重要原因。管理层对市场环境的判断失误、预算编制时过度乐观或保守、内部沟通不畅、以及资源分配不合理等，都会导致预算偏差。例如预算编制时缺乏充分的市场调研和数据支持，导致预算目标设置不合理，执行过程中因实际情况与预算预期不符而出现偏差。内部管理制度的不健全，如缺乏有效的预算控制和监督机制，也容易导致预算执行过程中出现不可控的偏差。

分析预算执行偏差的成因对于组织来说至关重要。通过深入了解偏差的来源，组织可以采取针对性的措施加以改进，减少未来预算执行中的偏差。这不仅有助于提高预算的准确性和可执行性，还能为组织的财务管理和战略规划提供更加可靠的依据，确保组织资源的有效利用和战略目标的顺利实现。具体预算执行偏差的成因及其影响如表 2-2 所示。

表 2-2 预算执行偏差的成因及其影响

序号	成因类别	具体成因	影响
1	外部因素	经济环境变化	影响收入预期，导致预算收入与实际收入的偏差
2	外部因素	政策调整	政策变化增加或减少预算中的费用，导致预算不准确
3	外部因素	市场需求波动	市场需求变化影响销售收入和支出计划
4	外部因素	供应链中断	导致采购成本增加或生产中断，影响预算执行
5	内部因素	管理层判断失误	对市场环境和业务发展判断不准确，导致预算设置不合理
6	内部因素	预算编制时过度乐观或保守	预算目标过高或过低，导致实际执行与预算差异显著
7	内部因素	内部沟通不畅	资源分配不合理或信息不对称，导致预算执行困难
8	内部因素	预算控制和监督机制不健全	缺乏对预算执行的有效监督，容易出现执行偏差

（二）预算执行过程中的常见障碍

预算执行过程中常见的障碍是导致预算执行偏差的直接原因，这些障碍通常与组织的内部管理机制、人员素质、以及外部环境变化等因素密切相关。组织内部管理机制的不完善是预算执行中最常见的障碍之一。缺乏有效的预算控制系统、执行责任不明确、预算与实际操作脱节等，都会导致预算无法按计划执行。比如，如果预算执行过程缺乏实时监控和反馈机制，执行中出现的问题得不到及时发现和纠正，最终导致预算目标无法实现。

人员素质和执行能力也是影响预算执行的重要因素。在预算执行中负责执行的人员如果对预算目标理解不清，或在执行过程中缺乏必要的专业能力和经验，都会造成执行偏差。预算执行中的跨部门协调不力，信息传递不畅，也会导致预算执行效果不佳。例如预算编制部门与执行部门之间如果缺乏有效的沟通和合作，导致执行过程中出现重复或遗漏的支出，从而影响整体预算的执行效果。

外部环境的变化也是预算执行中的一大障碍。市场环境的突变、政策法规的调整、自然灾害等不可抗力因素，都会影响预算的执行。例如突如其来的市场需求变化，导致企业销售收入不及预期，进而影响预算执行和调整。外部供应商供货延迟或成本上升，也会对预算执行产生不利影响。组织在预算执行过程中必须密切关注这些障碍，并采取积极的应对措施，确保预算执行的顺利进行。

（三）预算执行中的监督与控制

预算执行中的监督与控制是确保预算能够按照既定目标顺利推进的关键环节。有效的监督与控制机制能够及时发现执行过程中的问题，并进行纠正，从而减少预算执行偏差，提升组织的财务管理水平。监督与控制不仅包括对预算执行的实时监控，还涉及对执行结果的定期审查和反馈，确保预算执行的每一步都在管理层的掌控之中。

在预算执行过程中建立明确的责任体系和控制流程是监督与控制的基础。每个预算执行环节都应有明确的责任人和监控机制，确保预算的实施符合既定计划。实时监控系统的应用能够帮助管理层及时掌握预算执行的动态，发现问题并迅速采取纠正措施。例如财务部门可以通过定期的财务报告和预算执行分析，实时跟踪各部门的预算使用情况，确保资金的合理使用和资源的有效分配。定期的审查和反馈机制也至关重要，通过对预算执行结果的定期审计和评估，管理层能够及时了解执行中的问题，并作出必要的调整和改进。

预算执行中的监督与控制不仅是保障预算目标实现的关键手段，也是提升组织管理水平的重要工具。通过有效的监督与控制，组织能够确保预算执行过程的透明度和规范性，防止资金浪费和管理漏洞。这一过程有助于组织在预算执行中保持灵活性和应变能力，确保在面对内外部环境变化时，仍然能够有效推进预算目标的实现。

（四）预算执行偏差的纠正与改进

预算执行偏差的纠正与改进是确保预算管理持续有效性的关键步骤。当预算执行过程中出现偏差时，及时的纠正措施和持续的改进过程，可以帮助组织将偏差控制在可接受范围内，并为未来的预算编制和执行提供经验和指导。纠正预算偏差不仅涉及对当前执行过程的调整，还包括对预算管理制度的反思和优化，以减少未来的执行偏差。

当预算执行偏差被发现后，第一步是深入分析偏差的原因，并迅速采取纠正措施。根据偏差的性质和程度，管理层可以选择调整预算目标、重新分配资源或修订执行计划等方式进行纠正。例如如果偏差是由于市场环境的突然变化引起的，组织需要调整销售预期或削减非核心业务的开支，以确保预算的整体平衡。管理层应保持与各部门的密切沟通，确保纠正措施得到有效执行，并对其效果进行持续监控和评估。

在纠正偏差中改进预算管理制度也是避免偏差再次发生的重要手段。组织应通过回顾和总结预算执行过程中的问题，识别出管理制度中的薄弱环节，并进行相应的优化。例如改进预算编制流程、加强执行过程中的监控、提升预算执行人员的专业能力等，都是提高预算执行准确性的重要措施。通过这些改进，组织可以不断完善其预算管理体系，提升预算执行的有效性和可靠性。

预算执行偏差的纠正与改进不仅是解决当前问题的手段，也是提升未来预算管理水平的重要途径。通过系统的纠正和持续的改进，组织能够有效减少预算执行中的偏差，确保财务资源的合理使用和战略目标的顺利实现。这一过程不仅提高了预算管理的整体效率，也为组织的长期发展提供了更加坚实的财务基础。

二、资金使用效率问题

（一）资金使用效率低下的原因探讨

资金使用效率低下是许多组织面临的一个重要问题，这种现象严重影响企业的财务稳健性和竞争力。资金使用效率低下的原因多种多样，既包括内部管理上的不足，也涉及外部环境的影响。内部原因往往集中在管理机制不完善、资源分配不合理以及项目决策失误等方面。例如企业在资金分配过程中，若缺乏科学的评估体系，导致资金投入方向不当，资源浪费现象严重。项目管理中的低效决策和执行力不足，也导致资金未能产生预期的效益，从而影响整体资金使用效率。

外部环境变化也是导致资金使用效率低下的一个重要因素。市场需求的波动、政策变化以及行业竞争的加剧，都会对企业资金使用效率产生不利影响。例如市场需求的突然下降导致企业库存积压，进而占用大量资金，降低资金使用效率。外部融资环境的变化，如利率上升或融资渠道受限，也使企业的资金使用成本上升，从而影响整体资金运作效率。

探讨资金使用效率低下的原因是提高企业财务管理水平的关键步骤。只有通过深入分析并理解导致资金使用效率低下的各种因素，企业才能制定出有针对性的改进措施，提升资金使用效率，进而增强整体竞争力和财务稳健性。

（二）资金使用效率的评估与优化

资金使用效率的评估与优化是提升组织财务管理水平的重要环节。通过科学的评估，企业可以全面了解当前资金使用情况，识别资金使用过程中的效率问题，从而制定相应的优化策略。资金使用效率的评估通常包括对资金回报率、资金周转速度以及资金利用率等关键指标的分析。这些指标能够反映资金在运营中的实际效果，为管理层提供决策依据。

评估过程中企业需要结合实际经营情况和行业基准，设定合理的资金使用效率标准。通过对比分析，企业可以发现自身资金管理中的优势和不足，明确需要改进的领域。例如如果资金回报率低于行业平均水平，意味着资金投入的项目并未产生预期效益，企业应及时调整投资策略。优化资金使用效率的过程，还需要关注资金使用的全过程管理，从资金筹集、分配到最终使用的各个环节进行全面审视，确保资金在使用中的每一个环节都能得到有效管理。

资金使用效率的评估与优化不仅是发现问题的过程，更是提升组织资源利用率的重要手段。通过持续的评估和优化，企业可以确保资金的高效使用，避免资源浪费，最大化资金的经济效益。这一过程有助于提高企业的运营效率，增强其市场竞争力和财务稳健性，为企业的可持续发展提供强有力的财务支持。

（三）提高资金使用效率的管理措施

提高资金使用效率是每个组织在财务管理中必须关注的重要课题。为了实现这一目标，企业需要制定并实施一系列科学合理的管理措施，这些措施既要解决当前资金使用中的效率问题，又要为未来的资金管理奠定基础。企业应加强预算管理，通过精细化的预算编制和严格的预算执行，确保资金的合理分配和有效使用。精细化的预算管理能够帮助企业在资金分配过程中，避免资源浪费，并将资金优先投入到高效益、高回报的项目中。

企业应优化资金使用的审批流程。通过建立严格的审批制度，确保每一笔资金支出都经过充分论证和合理安排，避免资金的随意使用。企业还应加强对项目的成本控制，设立科学的成本管理制度，对项目的各项支出进行严格把控，确保资金使用的合理性和有效性。企业可以通过引入信息化管理工具，实现资金管理过程的数字化和智能化，提高资金使用过程中的透明度和效率。

企业应建立有效的绩效评估和激励机制，将资金使用效率与员工的绩效考核挂钩，通过奖惩措施激励员工提高工作效率，优化资金使用效果。通过这些措施的实施，企业不仅能够有效提升资金使用效率，还能增强员工的责任感和主动性，形成全员参与、全程控制的资金管理文化。这种系统性的管理改进，不仅能够提高资金使用效率，还为企业实现财务目标和战略发展提供了坚实的保障。

（四）资金使用效率对组织发展的影响

资金使用效率对组织发展的影响深远，是决定企业财务健康和长期竞争力的重要因素。高效的资金使用能够确保企业资源得到最优配置，使每一笔资金都能最大限度地发挥其经济效益，从而为企业带来可观的回报。如果资金使用效率低下，不仅会造成资源浪费，还导致企业在市场竞争中失去优势，甚至影响其财务稳健性和生存能力。

资金使用效率对组织发展的最直接影响在于盈利能力。高效的资金使用能够提高资本回报率，增强企业盈利能力，进而为企业的持续发展提供充足的资金支持。资金使用效率还影响企业的资本结构和财务风险水平。如果企业能够通过优化资金使用来降低运营成本和提升收益率，就可以在不增加负债的情况下，实现财务目标和战略扩展，这对企业长期财务稳健性具有重要意义。

更为深远的是资金使用效率还影响企业的创新能力和市场反应速度。高效的资金管理使得企业能够迅速响应市场变化，及时调整投资方向和经营策略，从而在激烈的市场竞争中保持领先地位。充足的资金流动性和合理的资金配置也为企业的技术创新和新产品开发提供了有力支持，增强了企业的核心竞争力。资金使用效率不仅是企业当前运营绩效的重要衡量标准，也是决定企业未来发展潜力的重要因素。通过持续提高资金使用效率，企业可以确保其在不断变化的市场环境中实现可持续发展，并为实现长期战略目标奠定坚实的基础。

三、收支透明度问题

收支透明度问题是指在财务管理过程中，收入和支出的信息未能全面、准确、及时公开，导致外部监督不足、内部管理不透明的问题。这种问题可能引发财务舞弊、资金挪用、资源浪费等风险，并削弱组织的公信力和社会责任感。导致收支透明度问题的原因包括信息披露不规范、内部控制机制不健全以及缺乏有效的监督审计制度。解决这些问题需要加强财务信息的公开与披露，建立透明的财务管理体系，确保所有收支活动均有据可查，接受社会和内部监督，从而提升管理的诚信度和合法性。

（一）收支透明度不足的风险与挑战

收支透明度不足是许多组织在财务管理中面临的重大问题，这种不足会带来一系列风险和挑战。透明度不足容易引发财务信息失真，从而影响管理层的决策质量。若企业的收支数据无法准确反映真实的财务状况，管理层基于错误的信息做出决策，这不仅影响日常运营，还危及企业的长远发展。收支透明度不足还导致内部控制的失效，增加舞弊和腐败的风险。在缺乏透明度的环境中，员工利用信息不对称进行不当操作，如虚报收入或隐瞒支出，从而损害企业利益。

另一个显著的挑战是对外部利益相关者信任的削弱。透明度是企业与股东、投资者和监管机构建立信任的基础。如果收支透明度不足，外部利益相关者会对企业的财务状况和管理能力产生怀疑，进而影响企业的融资能力和市场形象。例如投资者在评估企业的投资价值时，往往依赖于透明、准确的财务信息。如果企业的收支透明度不足，投资者会降低对企业的信任，甚至撤资，从而影响企业的资本流动和市场竞争力。

收支透明度不足带来的风险和挑战是多方面的。为了避免这些负面影响，企业必须高度重视财务透明度问题，通过加强内部控制、提高信息披露的准确性和及时性，来提升收支透明度，确保企业在激烈的市场竞争中保持财务稳健和管理的高效性。

（二）提升收支透明度的关键措施

提升收支透明度是确保企业财务管理规范性和可信度的重要举措。为实现这一目标，企业需要采取一系列关键措施，这些措施不仅能够改善内部管理流程，还能增强外部利益相关者的信任。建立完善的财务信息披露制度是提升透明度的基础。企业应制定严格的信息披露标准和流程，确保所有收支信息都能及时、准确地记录并公开。通过定期发布财务报告、审计报告以及其他相关的财务信息，企业能够向外界展示其财务状况的透明度和合法性，增强投资者和监管机构的信任。

加强内部控制机制对提升收支透明度至关重要。有效的内部控制可以确保收支活动在严格监控和审查下进行，防止任何潜在的舞弊或错误操作。企业可以通过引入自动化和信息化管理工具，提升财务数据的准确性和透明度。例如使用ERP系统或其他财务管理软件，可以实现对收支活动的实时监控，确保每一笔交易都有迹可循，从而大幅降低数据失真和信息隐瞒的风险。定期进行内部审计也是必不可少的，内部审计能够及时发现和纠正财务管理中的问题，确保收支信息的真实性和完整性。

提升员工的财务透明度意识和责任感也是关键措施之一。通过加强财务管理培训，企业可以提高员工对透明度的认识，使他们在日常工作中自觉遵守财务管理规范。这种意识的培养不仅有助于减少财务管理中的人为错误和违规行为，还能够形成一种透明、公开的企业文化，为企业的长远发展提供良好的内部环境。通过这些关键措施的实施，企业可以显著提升收支透明度，增强内部控制的有效性，进而提升整体管理水平和市场竞争力。

（三）收支透明度对内部控制的作用

收支透明度对内部控制的作用不可忽视，它是确保内部控制体系有效运行的基础。透明的财务信息能够为管理层和审计部门提供准确的财务数据，支持他们做出合理的决策并及时发现潜在的问题。在一个高度透明的财务环境中，收支活动的每个环节都受到严格的监控和记录，这使得任何异常的财务操作都能被迅速识别和纠正，从而防止错误和舞弊行为的发生。

内部控制的核心是确保企业资源的有效利用和风险的最小化，而这一目标的实现离不开财务透明度的支持。高透明度意味着财务信息能够在组织内部顺畅流动，各级管理人员都能及时获取所需的数据，进行有效的监督和管理。透明的收支信息还为内部审计提供了充分的依据，使审计部门能够对财务活动进行深入分析，发现和防范潜在的财务风险。通过这种全方位的控制，企业能够大幅度提高内部控制的有效性，确保财务管理的合规性和安全性。

收支透明度对内部控制的作用不仅在于提高信息的可见性，更在于增强整个控制体系的严密性和响应速度。企业通过提升收支透明度，不仅能够提高内部控制的效率，还能有效预防财务管理中的各种风险。这种良性互动使得财务透明度和内部控制相辅相成，最终推动企业实现更加稳健和可持续的发展。

（四）收支透明度的评价与改进

收支透明度的评价与改进是持续提升企业财务管理水平的重要环节。通过科学的评价体系，企业可以全面了解自身在收支透明度方面的表现，识别出存在的不足并制定相应的改进措施。评价收支透明度的指标通常包括信息披露的及时性、准确性、完整性，以及信息的可访问性和透明度。企业可以通过对这些指标的系统分析，了解其在财务信息公开和内部控制方面的表现，发现收支管理中的薄弱环节。

在评价的基础上企业应积极推动收支透明度的持续改进。改进信息披露的流程和技术手段，是提高透明度的重要手段。企业可以采用更为先进的信息化工具，如自动化报表生成系统和实时数据分析平台，确保财务信息的披露更加及时、准确和全面。企业应加强与利益相关者的沟通，听取他们对财务信息披露的反馈和建议，进一步优化信息披露的内容和形式，以满足不同利益相关者的需求。

企业还应定期对透明度提升措施的效果进行评估，确保改进措施切实有效。通过持续的反馈和调整，企业可以不断完善其财务管理体系，提高收支透明度，进而增强内部控制的有效性。这种持续改进的过程，不仅有助于提升企业的管理水平，还能够增强外部利益相关者对企业的信任，提升企业的市场形象和竞争力。

收支透明度的评价与改进是一个动态的过程，企业应通过科学的评价和持续的改进，不断提升其财务管理水平。通过这一过程，企业不仅能够确保财务信息的透明度和准确性，还能推动内部控制的有效运行，为实现长远战略目标提供坚实的财务保障。

四、财务信息披露问题

财务信息披露问题是指组织在公开财务状况和经营成果时存在信息不完整、不及时、不准确等问题。这些问题可能导致利益相关者对组织的财务状况缺乏清晰的了解，影响投资决策和信任度。常见的问题包括隐瞒重要财务信息、选择性披露、信息披露标准不一致以及财务数据的虚报或篡改。造成这些问题的原因有内部控制不足、管理层道德风险、法律法规执行不力等。为解决财务信息披露问题，组织应建立健全的信息披露制度，遵循透明、完整和及时的原则，加强内部审计和外部审计的监督，确保财务报告的真实可靠，从而提升组织的透明度和公信力。

（一）财务信息披露不充分的原因分析

财务信息披露不充分是企业财务管理中的一个常见问题，这种不足导致信息不对称，进而影响投资者、监管机构以及其他利益相关者的决策。财务信息披露不充分的原因通常可以归结为内部和外部两大类因素。内部因素包括管理层的动机和能力问题。一些企业管理层出于保护竞争优势、隐瞒财务困境或避免承担法律责任的考虑，有意限制信息披露的范围和深度。企业内部的信息管理系统不完善、财务数据收集不充分，或缺乏透明的财务管理文化，也导致信息披露不充分。

外部因素则涉及外部监管环境的影响和市场竞争压力。在一些国家或地区，财务信息披露的法律法规尚不完善，监管力度不足，企业不按规定披露全部必要信息。行业竞争激烈的情况下，企业担心过度披露财务信息会削弱其市场竞争力，因此选择有限度地披露财务数据。市场对财务信息披露的需求不断变化，企业难以及时调整其披露策略，导致信息披露的滞后性和不完整性。

财务信息披露不充分的原因是多方面的，既有主观动机上的考虑，也有客观条件的限制。企业必须全面了解这些因素，才能有针对性地采取措施，改善信息披露的现状，确保利益相关者能够获得准确、完整的财务信息，以作出合理的决策。

（二）财务信息披露的标准与规范

财务信息披露的标准与规范是确保企业财务透明度和合规性的基础，它们为企业如何披露财务信息提供了明确的指引。标准与规范的制定通常基于国际财务报告准则（IFRS）或各国的会计准则，这些规则规定了财务报表的编制方式、披露内容、以及时间要求等关键要素。遵循这些标准与规范，企业能够确保其财务信息的真实性、完整性和可比性，从而为利益相关者提供可靠的财务数据支持。

在实践中财务信息披露的标准与规范涉及多个方面。首先是财务报表的编制和披露要求，企业必须按照既定的会计准则对资产、负债、收入、费用等进行准确的记录和披露，确保财务报表能够全面反映企业的财务状况。企业还需要披露管理层讨论与分析（MD&A）、风险因素、重大会计政策变化等非财务信息，这些内容帮助利益相关者更好地理解企业的运营情况和未来发展方向。企业还需要遵守行业特定的披露要求，例如对环保、社会责任和公司治理等方面的信息披露，这些要求正在随着 ESG（环境、社会和治理）标准的推广而逐步增强。

财务信息披露的标准与规范不仅是企业合规运营的基本要求，也是提升财务透明度的重要手段。通过严格遵循这些标准与规范，企业能够有效提高财务信息的可信度，增强市场对其财务状况和经营前景的信心。这种透明度的提升，不仅有助于企业吸引投资，还能够促进其在行业内的声誉和竞争力，为企业的长期发展奠定坚实的基础。

（三）提高财务信息披露质量的策略

提高财务信息披露质量是增强企业透明度和合规性的重要举措，也是赢得市场信任和提升企业形象的关键。为了实现这一目标，企业需要从多个方面采取有效的策略。企业应优化内部财务信息管理系统，确保信息采集、处理和披露的全过程高效透明。通过引入先进的财务管理软件和自动化工具，企业可以提高财务数据的准确性和完整性，减少人为错误和信息遗漏。建立严格的信息披露流程，确保所有财务信息在披露前经过审慎审核和批准，也是提高披露质量的重要措施。

另一个关键策略是加强企业内部和外部的沟通。内部，企业应建立跨部门的协作机制，确保财务部门与业务、法律、合规等部门密切配合，全面了解企业的运营状况，确保披露信息的完整性和一致性。外部，企业应积极与投资者、分析师和监管机构进行沟通，了解他们对财务信息的需求和期望，并据此调整和优化信息披露的内容和形式。通过定期举办投资者会议、发布财务公告和报告，企业能够及时回应市场关切，增强信息披露的及时性和有效性。

企业还应重视财务信息披露的透明度和可理解性。信息披露不仅要做到准确和全面，还应以简明易懂的方式呈现，帮助非财务专业人士理解企业的财务状况和运营策略。企业可以通过使用图表、注释和管理层讨论与分析（MD&A）等方式，丰富财务报告的表达形式，使其更具可读性和解释力。这种透明度的提升，不仅增强了企业的财务透明性，还提高了市场对其信息披露质量的评价，进而提升了企业在资本市场中的地位和竞争力。

（四）财务信息披露的法律与合规要求

财务信息披露的法律与合规要求是确保企业财务透明度和诚信经营的关键约束。这些要求不仅为企业的财务报告和信息披露提供了法律依据，还为利益相关者提供了可靠的参考标准。在全球范围内，各国和地区对财务信息披露的法律要求有所不同，但总体而言，这些要求都旨在保障信息的真实性、准确性和及时性，防止企业通过隐瞒或歪曲信息来误导投资者和公众①。

在实际操作中企业需要严格遵守财务信息披露的相关法律法规和行业规范。例如上市公司通常受到证券监管机构的严格监管，必须定期向公众披露财务报表、管理层讨论与分析（MD&A）、重大事项公告等信息，且这些信息必须经过外部审计机构的独立审查。企业还需要遵守与行业相关的特殊披露要求，如金融机构、能源企业等，在披露财务信息时，必须特别说明其在风险管理、资本充足率、资产负债管理等方面的具体情况。

为了确保合规企业必须建立健全的内部控制机制和合规管理体系。合规部门应密切跟踪国内外法律法规的变化，并及时向管理层和相关部门传达合规要求，确保财务信息披露的各个环节都符合法律标准。企业应加强对员工的法律和合规培训，提高全员的合规意识和能力，避免因不当操作而引发法律风险。通过这些措施，企业不仅能够确保其财务信息披露的合规性，还能够有效防范潜在的法律风险，维护企业的声誉和市场地位。

---

① 罗达庄. 事业单位财务管理与内部控制探讨 [J]. 经济与社会发展研究，2023（26）：46-48.

财务信息披露的法律与合规要求不仅是企业必须遵守的法律底线，也是提升企业透明度和公信力的重要保障。通过严格遵循这些要求，企业能够确保其财务信息的公开、公正和透明，赢得投资者和市场的信任，进而为其在资本市场的成功运作和长期发展奠定坚实的法律基础。

第三节 内部控制在财务管理中的应用现状

一、内部控制的实施情况

内部控制的实施情况通常反映了一个组织在风险管理、合规性和效率提升方面的能力。有效的内部控制实施情况应当包括控制环境应得到管理层的高度重视，建立健全的内部控制文化。风险评估需要全面、系统，能够及时识别和应对潜在的风险。控制活动应在各个业务环节中有效嵌入，通过职责分离、审批程序等措施防范错误和舞弊。信息与沟通机制需确保重要信息的及时传递和反馈，支持管理决策。监督与反馈机制应持续运行，通过内部审计、定期评估等手段，及时发现和改进内部控制中的不足。

（一）内部控制实施的关键步骤

内部控制的实施是确保企业管理活动合规、高效运行的基础。要成功实施内部控制，必须遵循一系列关键步骤，这些步骤为内部控制的有效性奠定了基础。企业需要进行全面的风险评估，识别出各个业务环节中的潜在风险，并根据风险的性质和的影响制定相应的控制措施。企业应制定和发布内部控制政策和程序，明确各部门和岗位的职责和权限，确保控制措施能够有效落地。内部控制的实施还需要进行持续的监控和反馈，通过定期的检查和评估，确保控制措施的有效性和适应性。

在内部控制的实施过程中，企业必须确保各个部门的参与和配合。有效的内部控制不仅依赖于管理层的支持，还需要全体员工的理解和遵守。企业在制定内部控制政策时，应注重培训和沟通，帮助员工理解控制措施的意义和要求，并培养他们的风险意识和合规意识。通过这种全员参与的方式，企业可以形成一种强有力的控制文化，使内部控制措施能够真正融入到日常运营中，确保每一个环节都在受控状态下运行。

内部控制的成功实施需要系统的规划和严格的执行。通过科学的风险评估、明确的政策制定以及有效的监控机制，企业可以建立起一个全面而稳健的内部控制体系。这不仅有助于防范和控制各类风险，还能提高企业的运营效率和管理水平，为企业的长远发展提供可靠的保障。有效的内部控制实施，为企业实现战略目标和提升市场竞争力奠定了坚实的基础。具体内部控制实施的关键步骤及重要性如表2-3所示。

表2-3 内部控制实施的关键步骤及重要性

序号	实施步骤	具体内容	重要性
1	风险评估	识别业务环节中的潜在风险，制定控制措施	确保识别并有效应对潜在风险，奠定内部控制的基础
2	制定控制政策和程序	明确各部门和岗位的职责和权限，制定控制措施	确保控制措施明确、可执行，为各部门提供操作指导
3	持续监控和反馈	定期检查和评估控制措施的有效性和适应性	确保控制措施能持续适应环境变化，提高控制体系的有效性
4	培训和沟通	向员工传达控制措施的意义和要求，提升风险意识	增强全员的参与感和责任感，确保内部控制措施落到实处
5	全员参与	依赖各部门的配合和全体员工的理解与执行	形成强有力的控制文化，确保内控制融入日常运营

(二) 内部控制实施中的常见挑战

在内部控制的实施过程中，企业往往会面临多种挑战，这些挑战会削弱内部控制的有效性，甚至导致控制失效。企业在风险识别和评估过程中遇到困难，尤其是在面对复杂和动态的市场环境时。风险的多样性和不可预见性，使得企业难以全面识别所有潜在风险，从而导致内部控制措施的设计与实际需求不匹配。企业在制定控制措施时，因资源有限或管理层的重视程度不够，未能充分考虑实施的可行性和有效性，这也导致内部控制在实际执行中难以达到预期效果。

另一个常见的挑战是员工的理解和执行问题。内部控制的实施不仅依赖于政策的制定，更依赖于员工的配合和执行。许多企业在推行内部控制措施时，未能充分培训员工，导致员工对控制措施的理解不足或执行不力。企业文化中的惯性或对变革的抵触，也导致内部控制措施在实施过程中受到阻力。员工若缺乏足够的风险意识或合规意识，会忽视或绕过控制措施，从而增加企业的风险暴露。

内部控制的实施还面临着持续性和适应性的挑战。企业的内部和外部环境不断变化，原有的控制措施逐渐失去效力或不再适用。如果企业未能建立有效的监控和反馈机制，及时调整和优化控制措施，内部控制的作用将大打折扣。企业在实施内部控制时，必须克服这些挑战，通过持续的改进和优化，确保内部控制始终与企业的实际需求和环境变化保持一致，真正发挥其应有的作用。

（三）内部控制实施的评估与反馈

内部控制的评估与反馈是确保其有效性的关键环节。评估的主要目的是检查内部控制措施是否达到了预期的效果，并识别出实施过程中存在的问题。通过定期的评估，企业能够及时发现内部控制中的薄弱环节，评估其对企业运营的影响，并据此制定改进方案。评估的过程不仅包括对控制措施本身的审查，还涉及对员工执行情况、控制环境变化以及潜在风险的重新评估。只有通过系统的评估，企业才能确保内部控制的各个方面都在发挥应有的作用。

在评估过程中企业需要采用多种方法，包括内部审计、数据分析和员工访谈等，以获取全面的评估信息。内部审计是评估内部控制有效性的主要工具，通过独立的审计流程，企业可以客观地分析控制措施的执行情况和效果。数据分析能够帮助企业量化内部控制的效果，通过对关键绩效指标（KPI）的监控，企业可以直观地了解控制措施对业务流程的影响。员工访谈和问卷调查则有助于了解基层员工对内部控制的理解和执行情况，确保控制措施在操作层面得到有效落实。

评估结果的反馈与改进是内部控制持续有效的重要保障。通过将评估结果及时反馈给管理层和相关部门，企业可以迅速采取措施修正控制措施中的问题或不足，并在必要时进行控制措施的调整或更新。反馈机制还应包括对员工的培训和指导，以提高他们对控制措施的理解和执行能力。通过评估与反馈的闭环管理，企业能够不断优化内部控制体系，确保其在应对内外部变化时保持有效性和适应性，从而为企业的长期发展提供坚实的保障。

二、内部控制的有效性分析

（一）内部控制有效性的评估标准

内部控制的有效性评估是确保企业风险管理和运营效率的关键过程，评估标准的制定至关重要。这些标准为评估内部控制的实际效果提供了依据，帮助企业识别控制系统的优势与不足。内部控制有效性评估的主要标准包括：控制环境的健全性、风险评估的全面性、控制活动的适用性、信息与沟通的有效性、以及监控与反馈的及时性。这些标准涵盖了内部控制的各个方面，确保企业能够从全局视角出发，全面审视其内部控制体系的有效性。

在实际操作中控制环境的健全性体现在企业是否建立了良好的文化和氛围，鼓励员工遵循既定的规章制度并自觉防范风险。风险评估的全面性则要求企业能够全面、系统地识别和评估各种影响目标实现的风险，确保没有遗漏重要的风险因素。控制活动的适用性则强调控制措施的设计和实施应与企业的实际运营环境和风险状况相匹配，能够有效防范和应对风险。信息与沟通的有效性要求企业在内部控制的执行过程中，能够确保信息流通顺畅，决策层和执行层之间保持良好的沟通和协调。监控与反馈的及时性则强调对内部控制的实时监控和定期评估，确保发现问题时能够及时采取纠正措施。

内部控制有效性的评估标准不仅为企业提供了清晰的评估框架，还为其进一步优化和完善内部控制体系指明了方向。通过这些标准，企业能够深入了解其内部控制的实际运行情况，并据此采取措施，提升整体管理水平，确保企业在复杂多变的市场环境中保持稳健运营。

（二）内部控制效果的衡量方法

衡量内部控制效果是评估其有效性的重要步骤，它帮助企业了解控制措施是否达到预期目标，并识别出改进空间。内部控制效果的衡量方法主要包括定量和定性分析，结合这两种方法，企业可以全面评估内部控制的实际表现。定量分析通常涉及关键绩效指标（KPI）的设定和监控，如损失减少率、合规率、运营效率等。这些指标能够直观反映内部控制措施的效果，为管理层提供决策支持。

定性分析则更关注内部控制的实施过程和影响。通过内部审计、员工访谈和调查问卷等方法，企业可以深入了解控制措施在执行过程中遇到的挑战，以及员工对控制措施的理解和执行情况。这种分析方式有助于识别控制措施在执行中存在的盲点或不足，从而为进一步改进提供依据。定性分析还可以通过对行业标杆的比较，帮助企业了解自身控制体系的相对水平，并从行业领先者的经验中汲取改进的灵感。

结合定量与定性分析，企业可以形成一个全面的内部控制效果评估体系。通过这一体系，企业不仅能够识别出内部控制的强项和弱项，还能够将其与市场变化和内部需求相匹配，确保内部控制体系始终处于最佳状态。这种系统性的效果衡量方法，有助于企业在激烈的市场竞争中保持财务稳健和管理高效，进而提升整体竞争力和可持续发展能力。

（三）内部控制改进的必要性与途径

内部控制的持续改进是确保其有效性和适应性的关键，因为随着企业内部和外部环境的变化，原有的控制措施逐渐失去效力或不再适用。内部控制的改进不仅是应对风险变化的必要措施，也是提高企业管理水平的重要途径。企业在进行内部控制评估后，通常会发现一些控制措施在设计和执行过程中存在不足，或由于市场环境的变化，原有的控制措施已不能满足企业的需求。及时的改进和优化就显得尤为重要。

改进内部控制的途径首先在于对控制措施的全面审查和重新设计。企业应根据最新的风险评估结果，调整控制措施的范围和重点，确保其能够有效应对当前的风险。例如对于发现的高风险领域，企业需要加强控制措施的力度，增加监控和审计频率；对于低风险领域，则可以适当简化控制程序，提高运营效率。企业还应加强员工的培训和意识提升，通过对员工定期培训，确保他们对最新的控制措施和政策有充分的了解，并在日常工作中严格执行。

另一重要途径是引入新技术和管理工具,提升内部控制的自动化和智能化水平。随着信息技术的发展,企业可以利用大数据分析、人工智能和区块链技术,实时监控和分析各项业务活动,迅速识别和应对潜在风险。这种技术驱动的改进,不仅能够提高内部控制的精确性和响应速度,还能大幅降低人为操作失误的风险,增强整体管理的效能和可靠性。通过这些改进途径,企业可以确保其内部控制体系始终与业务发展和市场需求相适应,从而在复杂多变的市场环境中保持财务健康和管理优势。

三、内部控制与财务管理的融合度

内部控制与财务管理的融合度是衡量组织管理水平和风险控制能力的重要指标。高度融合的内部控制与财务管理可以确保财务活动在安全、合规的环境中进行,提高资金使用效率和信息透明度。通过内部控制措施嵌入财务管理流程,如预算管理、资金使用、资产管理等环节,组织能够有效防范财务风险、确保财务信息的准确性和完整性。融合度高的情况下,内部控制不仅支持日常财务操作,还能够为战略决策提供重要依据,确保财务管理与组织的整体战略目标一致。这种融合提高了管理的系统性和前瞻性,增强了组织在市场中的竞争力和可持续发展能力。

(一)内部控制在财务管理中的应用

内部控制在财务管理中的应用是确保企业财务活动合规性和有效性的重要手段。财务管理涉及企业的资金流动、成本控制、预算编制、财务报告等多个方面,而内部控制通过建立系统化的规章制度和监控机制,保障这些财务活动的顺利进行。内部控制在财务管理中的具体应用包括对财务信息的准确记录、资金的合理使用、预算执行的严格控制、以及财务报告的真实披露。这些控制措施的实施,不仅防范了财务舞弊和错误的发生,还提高了财务管理的透明度和效率。

在实际操作中内部控制通过设立严密的审批和审核程序,确保每一笔资金支出和收入都经过合理的评估和授权。这种系统化的控制机制,有助于防止资金被挪用或不当使用,确保企业资源被有效利用。内部控制在预算管理中的应用尤为重要，通过预算的编制、执行和调整环节的全程监控，企业能够有效掌握资金的流向，避免预算偏差和资金浪费。内部控制还在财务报告的编制过程中发挥重要作用，确保财务数据的准确性和完整性，为管理层和外部利益相关者提供可靠的财务信息。

内部控制在财务管理中的应用不仅是确保财务活动规范化的重要手段，也是提升企业财务管理水平的关键因素。通过完善的内部控制体系，企业能够在复杂的市场环境中保持财务稳健，增强对内外部风险的抵御能力。这种应用为企业的财务管理提供了坚实的制度保障，促进了企业的可持续发展。

（二）财务管理对内部控制的依赖性

财务管理对内部控制的依赖性体现在内部控制为财务管理提供了必要的保障机制，使得财务管理能够在受控和安全的环境中运行。财务管理涉及大量的资金流动和复杂的财务操作，这些活动如果缺乏有效的内部控制，容易导致财务信息失真、资金流失以及各种合规风险。内部控制为财务管理提供了一个系统的框架，确保每一项财务活动都在可控范围内进行，防范和化解出现的财务风险。

内部控制在财务管理中的核心作用是确保财务信息的真实性和完整性。准确的财务信息是企业决策的基础，如果财务数据存在误差或被人为操控，管理层会做出错误的决策，影响企业的整体运营和战略规划。通过内部控制，企业可以建立严格的会计制度、审核流程和报告机制，确保财务数据的可靠性。内部控制还通过资金管理、预算控制和成本监控等手段，防止资金滥用和浪费，提高资金的使用效率，确保财务资源的有效配置。

财务管理高度依赖于内部控制体系的健全性和有效性。只有在强有力的内部控制保障下，财务管理才能够有效防范各类财务风险，确保企业的财务活动透明、高效、合规。内部控制与财务管理的紧密结合，不仅提升了企业的管理水平，也为企业在竞争激烈的市场中保持财务健康和可持续发展提供了重要支持。

（三）提高内部控制与财务管理融合度的策略

提高内部控制与财务管理的融合度是确保企业财务活动顺利进行并实现战略

目标的重要手段。为了达到这一目的，企业需要从制度建设、技术应用和管理文化等多个方面采取综合措施。企业应优化内部控制与财务管理的制度设计，确保两者在流程和目标上高度一致。企业可以通过修订和完善内部控制政策，使其更好地支持财务管理的核心需求，如资金管理、预算控制和成本管理。这种制度上的融合，能够确保财务管理活动在统一的控制框架下进行，避免两者在执行过程中出现脱节或冲突[1]。

技术的应用是提高内部控制与财务管理融合度的有效手段。企业可以利用信息化工具，如 ERP 系统和财务管理软件，实现财务数据的实时监控和分析。通过这些技术手段，企业能够将内部控制嵌入到财务管理的各个环节，实现自动化监控和数据整合，减少人为操作失误，提高财务管理的效率和透明度。信息技术的应用还能增强内部控制的灵活性和响应速度，使企业能够迅速应对市场变化和内外部风险。

管理文化的建设对于提高内部控制与财务管理的融合度也至关重要。企业应培养全员参与、全程控制的管理文化，使员工在日常工作中自觉遵循内部控制规范，确保财务管理活动的每个环节都在受控状态下进行。通过定期培训和宣传，企业可以提升员工的风险意识和合规意识，促进内部控制与财务管理的深度融合。这种融合不仅有助于提高财务管理的有效性，还能够增强企业的整体管理水平和市场竞争力，推动企业实现长远发展目标。

四、内部控制制度的完善性

内部控制制度的完善性是确保组织管理规范性和有效性的重要因素。一个完善的内部控制制度，制度的设计应全面覆盖财务管理的各个环节，包括预算编制、资金使用、资产管理、财务报告等方面。制度要明确各岗位的职责分工，确保职责分离，减少错误和舞弊风险，完善的内部控制制度应包含系统的风险评估机制，能够及时识别和应对潜在风险。信息与沟通机制也需明确，确保财务信息的及时传递和反馈支持管理决策。监督与反馈机制应健全，通过内部审计和定期

---

[1] 李海萍. 内部控制视角下 G 事业单位财务管理及风险防范研究 [J]. 会计师, 2023 (14): 103-105.

检查，确保内部控制措施的持续有效性，并根据实际情况不断改进和优化制度，以适应变化的外部环境和内部需求。

（一）内部控制制度的现状评估

内部控制制度的现状评估是确保企业管理体系有效性的关键步骤。通过评估，企业可以全面了解现有内部控制制度的执行情况、优点以及存在的不足。现状评估通常涉及对内部控制的各个组成部分进行全面审视，包括控制环境、风险评估、控制活动、信息与沟通、以及监控活动等。评估的主要目的是确定内部控制是否有效防范了各类风险，是否能够确保财务信息的准确性和完整性，以及是否对企业的经营活动提供了足够的支持。

在评估过程中企业往往会发现一些常见的问题。例如某些控制措施过于形式化，未能真正发挥作用；或在复杂的业务环境中，现有的控制措施不足以应对新的风险。信息沟通不畅、监控活动不到位等问题也导致内部控制体系的整体效能下降。通过识别这些问题，企业可以明确现有内部控制制度的薄弱环节，并为进一步改进提供依据。

现状评估不仅是了解内部控制制度运行情况的必要步骤，也是为未来改进奠定基础的关键环节。通过系统的现状评估，企业能够全面掌握内部控制的实际效果，识别潜在的风险和问题，为制定更加有效的控制措施提供数据支持。这一过程为企业提升管理水平和风险防控能力打下了坚实的基础，有助于内部控制制度的持续优化和完善。

（二）内部控制制度的改进方向

在现状评估的基础上，确定内部控制制度的改进方向是进一步提升管理效能的关键。改进方向通常基于企业在评估中发现的问题和不足，结合行业最佳实践和未来发展的需求来制定。企业应加强风险评估与管理，确保内部控制能够全面覆盖所有潜在的业务风险。随着企业规模扩大和市场环境变化，新的风险不断涌现，现有的控制措施无法有效应对。企业需要通过引入更加动态和灵活的风险管理机制，确保内部控制制度始终处于前瞻性的风险防控状态。

信息化与自动化是内部控制制度改进的重要方向。随着信息技术的发展，企业可以利用大数据、人工智能和区块链等技术，实现对业务流程的实时监控和分析。这种技术的引入，不仅能够提高内部控制的精确性和及时性，还可以大幅减少人为操作失误，提升整体管理效率。自动化的控制流程还能够降低成本，释放人力资源，使企业更专注于战略性管理活动。

企业应注重内部控制制度的灵活性和适应性。内部控制不能一成不变，必须根据企业内部环境的变化以及外部监管要求的更新进行不断调整和优化。例如随着企业的国际化进程加快，内部控制制度需要适应不同国家和地区的法律法规和文化差异，确保在全球范围内的一致性和合规性。通过持续的改进，企业可以使内部控制制度更加符合实际运营需求，进一步增强管理效能和市场竞争力。

（三）完善内部控制制度的实施路径

完善内部控制制度的实施路径是确保改进措施能够有效落地的关键步骤。实施路径通常包括制订详细的改进计划、明确责任分工、加强员工培训以及建立有效的反馈机制等方面。企业应制订一个清晰的改进计划，详细列出每一项改进措施的具体内容、实施步骤、时间节点和预期效果。

明确责任分工是实施改进措施的基础。内部控制制度的完善需要全员参与，尤其是涉及多个部门和业务单元的控制措施改进，更需要明确各部门的责任和分工。企业可以通过成立专项工作组，确保每项改进措施都有专人负责和跟进，避免在实施过程中出现推诿或执行不力的情况。加强员工的培训和意识提升也是完善内部控制制度的重要环节。通过定期的培训，企业可以提高员工对新控制措施的理解和执行能力，确保内部控制制度能够有效贯彻到日常工作中。

建立有效的反馈机制是确保改进措施能够持续优化的重要保障。企业应通过定期的内部审计、管理评审和员工反馈，了解改进措施的实际效果，并及时调整和优化。通过这种动态的反馈与改进机制，企业可以不断完善其内部控制制度，确保其始终适应业务发展的需求和外部环境的变化。最终，通过科学的实施路径，企业能够有效提升内部控制制度的完善性，增强其风险防控能力和管理水平，推动企业实现更高的运营效能和战略目标。

第四节 事业单位财务管理的外部环境分析

一、政策环境对财务管理的影响

政策环境对财务管理有着深远的影响，直接关系到组织的财务决策、合规性和运营效率。政策环境包括政府的财政政策、税收政策、会计准则和相关法律法规。这些政策规定了组织如何筹集资金、管理支出、进行税务申报和财务报告。一个稳定、透明的政策环境可以减少不确定性，帮助组织制定长远的财务战略，优化资源配置。严格的法律法规和审计要求迫使组织提高财务透明度和合规性，防范舞弊和财务风险。

（一）财政政策的调整对财务管理的导向作用

财政政策是政府通过预算、税收和公共支出等手段调控经济的重要工具，其调整对企业的财务管理有着深远的导向作用。当政府调整财政政策，如增加基础设施投资或提供特定行业的补贴时，企业的资金流向和投资决策往往会随之变化。企业在财务管理中必须密切关注这些政策调整，以便及时调整资本配置，抓住政策带来的发展机遇。例如在扩张性的财政政策背景下，企业会增加投资以扩展业务，而在紧缩性财政政策下，企业则更注重现金流的管理和风险防范。财政政策的调整不仅直接影响企业的财务管理策略，还在很大程度上决定了企业的长期财务规划方向。

（二）税收政策变化对企业财务决策的影响

税收政策是影响企业财务管理的重要外部因素，税率的调整、税收优惠政策的实施等都会直接影响企业的税负成本和净收益，从而影响企业的财务决策。当政府出台新的税收政策，如降低企业所得税或增加某类产品的增值税，企业必须迅速评估这些政策对其财务状况的影响，并调整财务决策以最大化税后收益。例如税收优惠政策鼓励企业加大研发投入或投资于特定领域，而税负增加则促使企业在支出管理上更加谨慎。税收政策的变化要求企业在财务决策中具备高度的敏感性和灵活性，以便在政策环境中保持财务健康。

(三) 金融监管政策对财务风险控制的要求

金融监管政策是政府为了维护金融市场的稳定和健康发展而制定的法律法规和制度，这些政策对企业的财务风险控制提出了明确要求。严格的金融监管政策，如资本充足率要求、贷款审慎规定等，直接影响企业的融资成本和资金运作方式。企业在进行财务管理时，必须严格遵守这些监管要求，确保资金来源的合法性和运作的合规性，同时建立健全的风险管理体系，以应对出现的金融风险。企业若未能有效应对金融监管政策的变化，面临合规风险和财务压力，进而影响其市场地位和可持续发展。企业在财务管理中必须将金融监管政策作为重要考量因素，确保其财务操作符合监管要求，并通过有效的风险控制手段维护财务稳健性。

(四) 政策环境变化对财务规划的挑战与应对

政策环境的变化对企业财务规划提出了新的挑战，要求企业具备快速应对和调整的能力。在全球化和市场竞争日益加剧的背景下，政策环境的变化往往具有复杂性和不确定性，例如贸易政策的调整、环保政策的出台以及金融市场的开放等，都会对企业的财务管理产生深远影响。

企业必须在财务规划中充分考虑这些政策变化的潜在影响，灵活调整资本配置、资金管理和风险控制策略，以应对政策带来的不确定性和挑战。例如在面临的贸易限制时，企业需要调整国际市场的财务策略，或在环保政策趋严的情况下，加大环保投入以确保合规。企业在财务管理中必须高度关注政策环境的变化，通过动态调整财务规划，保持财务管理的灵活性和前瞻性，以应对复杂多变的政策环境。

二、社会环境对财务管理的影响

（一）社会责任与企业财务透明度的关系

社会责任日益成为衡量企业经营成败的重要指标，而这也直接影响到企业财务管理的透明度。随着公众和投资者对企业社会责任（CSR）的关注不断增加，企业不仅要在财务报表中披露传统的财务数据，还必须公开其在环保、社会和治理（ESG）方面的表现。这种趋势促使企业在财务管理中更加注重透明度，以增强利益相关者的信任和支持。高透明度的财务管理能够展示企业的社会责任感，同时为投资者提供更加全面的信息，从而提升企业的市场形象和资本获取能力。社会责任与财务透明度之间的关系日益密切，企业在履行社会责任的过程中，也必须确保财务信息的透明和准确，以应对社会环境的要求。

（二）人口结构变化对财务战略的影响

人口结构的变化对企业的财务战略有着深远影响。随着人口老龄化、少子化趋势的加剧，企业面临的市场需求和劳动力结构正在发生重大变化。这些变化要求企业在财务战略上进行调整，以应对新的挑战。例如老龄化社会导致产品和服务需求的变化，促使企业增加在健康产业或老年人服务方面的投资，同时增加劳动力成本，企业需在财务规划中考虑这一因素。人口结构的变化还影响企业的长期资本配置和风险管理策略，要求企业在制定财务战略时充分考虑这些人口趋势，以保持财务的稳定和可持续发展。企业必须将人口结构的变化纳入其财务战略考量中，确保其在动态变化的社会环境中维持竞争力和财务健康。

（三）消费者行为变迁对财务管理的启示

消费者行为的变迁对企业的财务管理提出了新的要求和挑战。随着科技的发展和社会文化的变化，消费者的购买行为和偏好正在迅速演变，传统的市场模式不断被颠覆。消费者对个性化、环保和社会责任的需求增加，这要求企业在财务管理中更加灵活地调整成本结构、营销策略和投资方向。例如企业需要加大对数字化营销和电子商务平台的投入，以适应消费者线上消费的趋势。消费者行为的变化也影响到企业的现金流管理和库存管理，要求企业在财务规划中更加注重市场需求的预测和响应速度。企业在财务管理中必须高度重视消费者行为的变化，通过灵活调整财务策略，及时响应市场需求的变化，以保持市场竞争力和财务稳定。

（四）社会舆论与财务风险管理的互动

社会舆论在企业财务风险管理中扮演着越来越重要的角色。随着社交媒体和即时通讯工具的普及，社会舆论的影响力迅速扩大，企业的财务决策和风险管理也因此受到更加广泛的关注和监督。负面的社会舆论迅速引发市场动荡，导致企业股价下跌、信用评级下降，甚至引发资金链危机。企业在进行财务风险管理时，必须高度重视社会舆论的动态，及时识别和应对潜在的声誉风险。通过建立有效的舆情监控系统和快速响应机制，企业可以在舆论危机发生前采取预防措施，减少其对财务状况的负面影响。积极的社会舆论有助于提升企业的市场形象和品牌价值，从而增强其融资能力和市场竞争力。企业应在财务风险管理中有效结合社会舆论的影响，形成主动、灵活的风险管理策略，以应对不断变化的社会环境。

三、经济环境对财务管理的影响

经济环境对财务管理有着显著影响，它包括宏观经济状况、市场需求、通货膨胀率、利率水平和汇率波动等因素。一个稳定的经济环境通常带来较低的市场风险，使组织能够更准确地预测收入和成本，从而制定有效的财务计划和预算管理。而在经济动荡或不确定性增加的情况下，组织可能面临销售下滑、成本上升、融资困难等挑战，需要加强风险管理，优化资本结构以应对可能的资金压力。经济环境的变化还会影响投资决策、现金流管理和资产负债管理。

（一）宏观经济周期对财务策略的影响

宏观经济周期对企业财务策略的影响是深远且复杂的。经济周期的波动，包括繁荣、衰退、萧条和复苏等阶段，直接影响企业的收入、成本、利润和现金流。在经济繁荣时期，企业会采取扩张性的财务策略，加大投资和融资力度，以抓住市场机会。在经济衰退或萧条时期，企业往往会收缩开支，强化成本控制，并提高现金流管理的谨慎性，以应对收入下降和市场不确定性的风险。企业在制定财务策略时，必须充分考虑宏观经济周期的变化，通过灵活调整财务策略，保持财务的稳健性和抗风险能力，以确保在不同的经济周期中都能实现可持续发展。

（二）通货膨胀与利率波动对资金管理的影响

通货膨胀与利率波动对企业的资金管理产生了直接而重要的影响。通货膨胀导致物价上涨，购买力下降，使得企业的运营成本增加，削弱了利润空间。通货膨胀还引发利率的上升，增加企业的融资成本，进而影响其资金管理策略。在利率波动剧烈的环境下，企业必须更加谨慎地管理其债务和现金流，以避免因借贷成本过高而导致的财务困境。为应对通货膨胀和利率波动带来的挑战，企业需要在资金管理中采取更加灵活的策略，如优化现金储备、合理安排债务结构，以及通过金融工具对冲利率风险，从而确保资金运作的高效性和安全性。通货膨胀与利率波动要求企业在资金管理中具备高度的敏感性和应变能力，以应对经济环境的复杂变化。

（三）国际经济环境对企业跨境财务管理的挑战

国际经济环境的变化对企业的跨境财务管理提出了诸多挑战。在全球化的背景下，企业不仅要面对国内市场的竞争，还需应对国际市场的波动和不确定性。汇率波动、贸易政策变化、国际资本流动等因素，都会对企业的跨境资金管理、税务规划和财务报告产生重大影响。尤其是在汇率波动较大的情况下，企业的外汇风险管理显得尤为重要。国际市场的法律法规和税收政策的差异，也增加了企业跨境财务管理的复杂性。企业在进行跨境财务管理时，必须建立健全的风险控制机制，合理利用金融工具进行对冲，优化全球资金配置，并确保遵守各国的法律法规，以有效应对国际经济环境的挑战，实现全球业务的稳健发展。

（四）经济环境变化对财务预测与规划的调整

经济环境的变化要求企业在财务预测与规划中具备灵活性和前瞻性。随着全球经济形势的不断演变，企业面临的市场风险和机遇也在发生变化，这对财务管理提出了新的要求。在经济增长放缓或市场不确定性增加的情况下，企业需要及时调整其财务预测模型和规划策略，以反映新的经济现实。例如企业需要重新评估收入预期、调整成本结构，并优化资本支出计划，以确保在不利的经济环境中维持财务稳健性。经济环境的变化也为企业带来新的发展机会，要求财务部门在规划中灵活应对，适时调整资本配置和融资策略，以抓住市场机遇。企业在经济环境变化中进行财务预测与规划调整，不仅有助于规避风险，还能够通过积极的财务管理策略实现持续增长和长远发展。

四、科技发展对财务管理的影响

科技发展对财务管理带来了深远的影响，显著提升了财务管理的效率、准确性和透明度。信息技术的进步使得财务数据的实时收集、分析和报告成为可能，大大提高了财务管理的速度和决策的科学性。大数据和人工智能技术的应用使财务预测和风险评估更加精准，帮助组织优化资源配置，降低财务风险。区块链技术的引入增强了财务信息的安全性和透明度，有效防范了数据篡改和财务舞弊。电子支付和自动化财务流程的普及简化了资金管理和日常财务操作，减少了人为错误，提高了工作效率。

（一）大数据与财务决策的智能化

大数据的发展正在深刻改变财务管理的方式，通过大数据分析，企业可以更准确地预测市场趋势、分析客户行为，并优化资源配置。大数据技术为财务决策提供了丰富的数据支持，使企业能够从海量信息中提取有价值的洞察，快速应对市场变化和风险。在财务管理中大数据不仅提升了决策的准确性，还加快了决策速度，使企业能够在竞争中占得先机。随着大数据技术的广泛应用，财务决策正在向智能化方向发展，企业能够更高效地进行财务规划和管理，提升整体竞争力。

（二）人工智能对财务管理效率的提升

人工智能（AI）在财务管理中的应用日益广泛，为提升管理效率提供了新的工具。通过 AI 技术，企业可以自动化处理财务数据、进行复杂的财务分析，并实现实时监控和预警，显著减少了人为错误的风险。AI 驱动的智能合约和自动化报表生成等功能，使得财务管理流程更加高效和透明，企业能够更快地响应市场变化和管理需求。人工智能还可以通过机器学习算法持续优化财务管理策略，帮助企业在不断变化的经济环境中保持敏捷性和竞争力。人工智能技术正逐步成为企业提升财务管理效率的关键动力。

（三）区块链技术对财务透明度的加强

区块链技术因其去中心化和不可篡改的特性，在提高财务透明度方面具有显著优势。通过区块链，企业可以实现财务交易的全程可追溯性，确保数据的真实性和透明度。这种技术在财务审计、资产管理和供应链金融等领域的应用，使得各方能够实时核实交易信息，减少了审计时间和成本，防范了财务舞弊的发生。区块链技术还增强了企业与投资者、监管机构之间的信任，提升了企业的合规性和市场信誉。区块链正在成为推动财务管理透明化的重要工具，为企业在全球市场中的稳健发展提供了有力支持。

（四）金融科技对传统财务管理模式的颠覆

金融科技的迅猛发展正在颠覆传统的财务管理模式，为企业财务管理带来了前所未有的创新和变革。通过金融科技，企业可以实现跨境支付、在线融资、智能投顾等多项金融服务的自动化和便捷化，极大地提高了财务运作的效率和灵活性。金融科技还推动了企业财务管理的数字化转型，传统的手工操作和纸质文件逐渐被智能化、数字化的系统所取代，财务数据的处理和分析变得更加高效和精准。金融科技的应用不仅改变了企业与金融机构的互动方式，也为企业开辟了新的融资渠道和风险管理方法，使得财务管理的策略更加多元化和灵活。随着金融科技的不断发展，企业必须适应这种变革，通过不断创新和调整财务管理模式，以保持在市场中的竞争优势。

第三章 内部控制体系的构建与优化

第一节 内部控制体系的构成要素

一、内部控制环境

内部控制环境是内部控制体系的基础,决定了组织内部控制制度的有效性。它包括组织的治理结构、管理哲学、道德价值观、组织文化、人力资源政策等。一个良好的控制环境需要高层管理者的重视和支持,通过树立诚信和责任感的文化氛围,促进全员对内部控制的理解和遵守。合理的组织结构和明确的职责分工有助于建立有效的监督机制,减少舞弊和错误的发生。人力资源政策通过雇佣、培训和绩效考核,确保员工具备必要的技能和意识,执行和维护内部控制制度。良好的内部控制环境为其他控制要素的实施提供了基础保障,确保组织目标的实现和运营的安全性。

(一)组织结构与责任分配

组织结构与责任分配是内部控制环境的基础,直接影响企业内部控制的有效性。一个清晰、合理的组织结构能够明确各级管理层和员工的职责与权限,确保每项业务活动都有明确的责任人,从而减少管理漏洞和操作风险。在一个健全的组织结构中,责任分配应做到权责分明,既能确保工作流程的顺利进行,又能在发生问题时快速追溯责任并进行纠正。有效的责任分配不仅有助于内部控制的实施,还能够提升整个组织的运作效率和合规性。建立科学的组织结构和明确的责任分配体系,是构建有效内部控制环境的重要前提。具体组织结构和责任分配在内部控制环境中的重要性及其影响如图 3-1 所示。

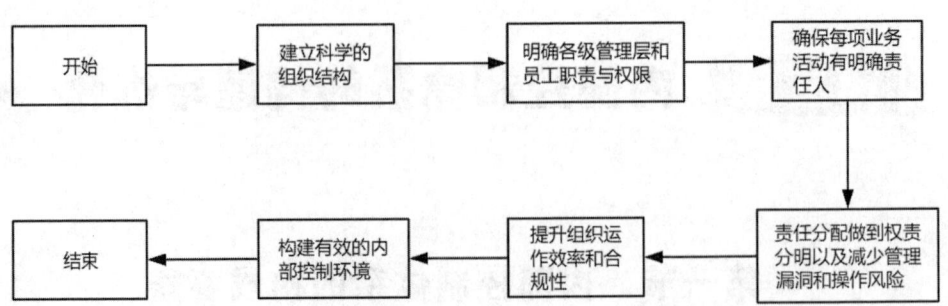

图 3-1　组织结构和责任分配在内部控制环境中的重要性及其影响

(二) 管理层的领导作用与道德规范

管理层的领导作用和道德规范是内部控制环境的核心要素,直接决定了内部控制制度的贯彻力度和企业文化的走向。管理层不仅需要制定和推行内部控制制度,还要以身作则,树立良好的道德榜样,营造诚信和透明的工作氛围。管理层的领导力和道德标准对员工行为具有强大的示范效应,能够引导员工遵循内部控制制度,保持高标准的职业道德。这种领导作用和道德影响力是推动企业内部控制制度有效运行的关键,管理层必须高度重视自身的道德规范和领导行为,确保内部控制能够真正落地并发挥作用。具体管理层在内部控制环境中的核心作用及其影响如表 3-1 所示。

表 3-1　管理层在内部控制环境中的核心作用及其影响

序号	核心要素	具体作用	对内部控制的影响
1	制定内部控制制度	建立和推行有效的内部控制政策和程序	为企业提供合规操作的框架和标准
2	领导力	发挥领导作用,推动内部控制措施的落实	确保内部控制制度得到贯彻执行
3	道德规范	树立良好的道德榜样,维护诚信和透明的氛围	提升员工的道德意识和责任感,减少舞弊行为
4	示范效应	通过自身行为影响员工的行为和工作态度	引导员工遵守内部控制制度,保持职业操守
5	企业文化的塑造	通过言行和决策影响企业整体的文化走向	营造支持内部控制的企业文化

（三）员工素质与培训

员工素质与培训是内部控制环境中不可或缺的组成部分，决定了内部控制的实际执行效果。具备高素质的员工队伍，能够更好地理解和执行内部控制制度，减少因误解或操作失误而导致的风险。企业应通过系统的培训计划，不断提升员工的专业知识和技能，使其能够胜任各项内部控制任务。定期培训不仅有助于员工掌握最新的控制措施和法律法规，还能提高他们的风险意识和责任感。通过不断提升员工素质，企业能够强化内部控制的有效性，确保各项控制措施在实际操作中得以全面贯彻。

（四）企业文化与内部控制氛围

企业文化与内部控制氛围对内部控制的成效有着深远的影响。一个重视合规性、诚信和透明度的企业文化，有助于内部控制制度的顺利推行和有效落实。在这样的文化氛围下，员工会自觉遵守内部控制规定，主动参与风险管理，并积极反馈工作中的问题。这种文化不仅提高了内部控制的执行力，还增强了企业整体的抗风险能力。企业文化是内部控制环境的软实力，通过培育健康的企业文化，企业能够在内部控制方面取得更为持久和深远的成效，为长期稳定发展奠定坚实基础。

二、风险评估

风险评估是内部控制体系中的关键环节，旨在识别、分析和应对可能影响组织目标实现的各种风险。通过风险评估，组织可以全面了解所面临的内外部风险，包括市场风险、财务风险、运营风险和合规风险等。

（一）风险识别与分类

风险识别与分类是风险评估的首要环节，它决定了企业能否全面了解所面临的潜在威胁。通过系统的风险识别，企业能够发现影响其运营、财务和战略目标实现的各种风险。识别出的风险需要进行科学的分类，根据风险的性质、来源和影响范围，将其分为不同类别，如战略风险、财务风险、运营风险和法律风险等。分类后的风险可以帮助企业更加有针对性地制定应对措施，从而提高风险管理的效率和效果。有效的风险识别与分类为企业建立全面的风险管理体系奠定了基础，使其在面对不确定性时能够保持敏捷性和应对能力。

（二）风险分析与优先级排序

风险分析与优先级排序是确保风险管理资源得到最优配置的关键步骤。通过深入分析各类风险的潜在影响，企业能够评估这些风险对其目标的威胁程度。这一分析过程通常结合定性和定量方法，以全面了解风险的严重性和发生概率。在此基础上，企业可以对风险进行优先级排序，确定哪些风险需要立即处理，哪些风险可以暂时搁置。优先级排序使企业能够集中资源应对最重要的风险，确保在风险管理中做到有的放矢。通过这一过程，企业不仅能够有效地防范重大风险，还能在资源有限的情况下取得最大化风险管理的效果，保障企业的稳健运营和持续发展。

（三）风险应对策略与计划

风险应对策略与计划是企业在风险评估后采取的具体行动，它们决定了企业应对风险的有效性。根据已识别和分析的风险，企业应制定一套全面的应对策略，这些策略可以包括风险规避、风险减轻、风险转移和风险承受等。每一种应对策略都需要有详细的执行计划，明确职责分工、资源配置和时间表，以确保在风险发生时能够迅速反应和有效应对。制定并落实这些计划，使企业能够将潜在的损失降至最低，并保持业务的连续性和稳定性。风险应对策略与计划不仅是企业防范风险的必要手段，也是增强企业抗风险能力的重要保障，为企业的长期发展提供了坚实的支持。

三、控制活动

控制活动是内部控制体系中的执行环节，具体通过一系列政策、程序和操作来管理风险，确保组织目标的实现。控制活动包括职责分离、审批和授权、资产保护、信息系统控制和绩效考核等措施。职责分离确保不相容的职务由不同人员负责，减少舞弊的机会；审批和授权制度则通过对关键业务和财务决策的审核和批准，防范误用资源。资产保护措施如定期盘点和安全存储，保障了资产的完整性和安全性；信息系统控制通过访问权限和数据备份保护信息安全。通过这些控制活动，组织能够有效减少操作失误和舞弊风险，提高管理效率，确保业务流程的规范和透明。

（一）控制措施的设计与实施

控制措施的设计与实施是内部控制活动的核心环节，直接影响企业的风险管理和运营效率。在设计控制措施时，企业需要充分考虑自身的业务特点、风险环境和战略目标，确保控制措施能够有效防范潜在风险并促进业务流程的顺畅进行。控制措施的设计应具备针对性和可操作性，涵盖各个关键业务环节，如资金管理、采购流程和信息系统等。设计完成后，实施是关键，企业必须确保这些控制措施能够在实际操作中严格执行，并定期评估其效果。通过有效的设计和实施，企业可以将潜在风险降至最低，增强业务的稳健性和可持续性。

（二）授权与审批机制

授权与审批机制是确保控制活动有效性的基础，它在内部控制体系中发挥着至关重要的作用。授权机制明确了不同层级管理人员的权限范围，确保决策和操作过程中的职责分工合理、权责分明。审批机制则是在关键业务操作中增加一道审核程序，以防止未经授权的操作或错误决策的发生。这些机制不仅防止了内部舞弊和错误，还提高了业务操作的透明度和合规性。为了保证授权与审批机制的有效性，企业需要定期审查和更新这些机制，以适应不断变化的业务需求和风险环境。通过严格的授权与审批控制，企业能够有效维护内部秩序，保障业务流程的合法性和合理性，从而支持组织的健康发展。

（三）运营与财务流程控制

运营与财务流程控制是企业内部控制活动中的重要组成部分，它确保企业在日常运作中能够高效、合规地进行各项业务操作。运营流程控制主要集中在业务活动的规范性和效率上，确保各项操作符合既定流程，并在预定的时间和预算内完成。财务流程控制则关注资金的流动性、安全性和使用效率，确保资金的使用和报告过程透明、准确。通过加强对运营和财务流程的控制，企业能够减少浪费、防范舞弊，并提高整体管理水平。运营与财务流程的紧密配合还可以优化资源配置，确保企业在竞争激烈的市场环境中保持灵活性和竞争力。完善的运营与财务流程控制不仅有助于企业实现短期目标，还为其长期稳定发展奠定了坚实基础。

（四）控制活动的监控与优化

控制活动的监控与优化是确保企业内部控制体系持续有效的关键步骤。通过持续监控，企业能够及时发现控制措施在执行过程中存在的不足或偏差，并进行必要的调整和改进。监控不仅包括日常的监督和检查，还应结合定期的内部审计和外部评估，以确保控制活动的全面性和准确性。在发现问题后，企业应及时采取行动，优化控制措施，以适应不断变化的内外部环境。优化的过程需要考虑企业的发展战略、业务流程的变化以及新的风险因素，确保控制活动始终处于最佳状态。通过有效的监控与优化，企业不仅可以提高控制活动的执行力，还能增强整体管理的灵活性和应变能力，从而在激烈的市场竞争中保持优势。

四、信息与沟通

信息与沟通是内部控制体系中的重要要素，确保组织内外部信息的有效传递和共享，为管理决策和控制活动提供可靠的依据。良好的信息与沟通机制能够保证财务和业务信息的准确性、完整性、及时性和相关性，从而支持管理层做出明智的决策。内部沟通通过定期会议、报告、电子邮件等方式确保各级员工了解组织政策、程序和控制要求；外部沟通则包括与客户、供应商、监管机构等利益相关者的交流，确保组织及时获取市场变化和法律法规的最新信息。有效的信息与沟通促进了组织内外部的透明度和协作，增强了内部控制的执行力和整体管理水平。

（一）内部信息传递机制

内部信息传递机制是企业高效运作和决策支持的基础，它确保各级管理层和员工能够及时获取和传递关键信息。在一个完善的内部信息传递机制中，信息流动应是双向的，不仅包括从上至下的指令和政策传达，还包括从下至上的反馈和建议。这种双向的信息流动有助于企业及时调整策略和优化管理流程，增强组织的反应能力和协调性。信息传递的及时性和准确性至关重要，企业应通过优化信息传递渠道和流程，确保信息在各部门间高效流通，减少信息滞后和误传的风险。建立健全的内部信息传递机制是提高企业管理效率和决策质量的重要手段。

（二）外部信息披露与沟通

外部信息披露与沟通是企业与外部利益相关者保持透明度和信任的重要方式。企业在运营过程中，需要定期向投资者、监管机构、客户和公众披露财务状况、经营成果和未来战略等重要信息。这些信息披露不仅是法律法规的要求，更是企业增强市场信誉和吸引投资的重要手段。通过透明、准确的信息披露，企业可以减少市场的不确定性，增强外部利益相关者的信任。良好的外部沟通还能帮助企业及时了解市场反馈和行业动态，从而调整战略，优化资源配置。外部信息披露与沟通不仅有助于提升企业的市场形象，还为其长远发展提供了坚实的基础。

（三）信息系统与数据管理

信息系统与数据管理在现代企业中扮演着核心角色，它们是确保信息流动高效、安全和准确的关键工具。随着信息技术的发展，企业的数据量急剧增长，如何有效管理和利用这些数据成为企业管理的重点。信息系统的设计和应用能够帮助企业实现数据的实时处理和分析，提高决策的科学性和管理的精细化程度。数据管理的质量直接影响到信息系统的有效性，企业必须建立严格的数据管理制度，确保数据的准确性、完整性和安全性。通过优化信息系统与数据管理，企业不仅能够提高运营效率，还可以在数据驱动的决策过程中获得竞争优势，确保在激烈的市场环境中保持领先地位①。

五、监督与反馈

(一) 内部审计与检查机制

内部审计与检查机制是企业确保内部控制体系有效运行的关键工具。这一机制通过定期对企业的财务报告、运营流程和合规性进行审查，及时发现潜在问题和管理漏洞。内部审计不仅关注财务数据的准确性，还评估内部控制措施的执行情况和风险管理的有效性。通过内部检查，企业能够主动识别和修正偏差，避免重大风险的累积。这种内部监督机制不仅有助于提升企业的管理水平，还能增强内部控制的整体效果，为企业的稳健发展提供保障。健全的内部审计与检查机制是企业维护财务健康和运营稳定的重要手段。

(二) 外部监督与审计

外部监督与审计为企业内部控制和财务管理增加了一层独立的保障。外部审计通常由独立的第三方机构进行，其目的是评估企业财务报表的公正性和透明度，确保其符合相关法规和会计准则。外部监督还包括政府监管机构和公众舆论的监督，这些力量共同作用，促使企业提高自律性和透明度。外部审计结果不仅影响投资者和利益相关者对企业的信任度，还直接关系到企业的市场声誉和合规风险。外部监督与审计不仅是对企业内部控制的一次检验，更是提升企业管理水平和增强市场竞争力的重要工具。

(三) 监督结果的反馈与应用

监督结果的反馈与应用是企业改进管理和强化内部控制的重要环节。通过对内部和外部审计的结果进行系统分析，企业能够识别出存在的管理漏洞和风险点，并采取针对性的改进措施。有效的反馈机制确保了审计发现的问题能够被及时传达至相关部门，并制定相应的整改计划。监督结果的反馈还为企业管理层提

---

① 田媛. 行政事业单位财务管理内部控制与风险防范路径探究 [J]. 金融客, 2023 (2): 93-95.

供了决策依据，帮助其调整策略，优化资源配置。将监督结果应用于实际管理中，不仅提高了企业的风险应对能力，还强化了内部控制体系的执行力和有效性，从而为企业的长远发展奠定了坚实基础。

第二节　内部控制体系的设计原则

一、成本效益原则

成本效益原则是指在实施内部控制和管理活动时，应当权衡所投入的成本和所能带来的效益，确保控制措施的成本不超过其带来的实际收益。这个原则要求组织在设计和执行内部控制时，既要有效防范和管理风险，又要避免过度控制导致的资源浪费和管理负担。通过应用成本效益原则，组织可以优化控制措施，使其既能有效防范错误和舞弊，又不会对日常运营造成不必要的干扰。

（一）成本效益分析的重要性

成本效益分析在企业管理中至关重要，它为决策者提供了衡量投入与产出关系的依据，确保资源的使用能够带来最大的经济回报。通过成本效益分析，企业可以评估各项控制措施的投入成本与所能产生的效益，进而决定是否实施或优化这些措施。这种分析不仅帮助企业避免不必要的资源浪费，还能确保每一项决策都具有经济合理性。成本效益分析是企业在追求效益最大化过程中不可或缺的工具，确保资源配置的有效性和决策的科学性。

（二）控制措施的经济性评估

控制措施的经济性评估是成本效益原则的核心部分，通过这一评估，企业能够判断某项控制措施是否在经济上可行。企业需要考虑实施该措施所需的成本，包括人力、时间、资金等方面的投入，同时衡量其所能带来的风险降低或收益提升的程度。有效的经济性评估能够帮助企业做出理性的选择，确保控制措施既能达到预期效果，又不会造成资源的过度消耗。企业在应对各种风险时，既能保持成本的合理控制，又能最大化措施的实际效用，提升整体管理效率。具体控制措施经济性评估的关键因素及其影响如表 3-2 所示。

表 3-2 控制措施经济性评估的关键因素及其影响

序号	评估因素	具体内容	影响
1	实施成本	包括人力、时间、资金等方面的投入	确定控制措施在实施过程中的资源消耗
2	风险降低效果	控制措施能有效降低的风险程度	衡量措施的有效性，确保风险得到合理控制
3	收益提升程度	控制措施带来的潜在经济收益或效率提升	评估措施的经济价值，确保措施带来实际收益
4	经济可行性	综合考虑成本与收益，判断措施的经济可行性	帮助企业选择最具成本效益的控制措施
5	资源优化	通过经济性评估实现资源的合理配置	避免资源的浪费，确保控制措施的有效实施

（三）资源优化配置的策略

资源优化配置策略是实现成本效益原则的重要手段。企业在制定控制措施时，应根据成本效益分析结果，将资源优先配置给能够产生最大效益的领域。这不仅包括财务资源的合理分配，还涉及人力和技术资源的最优利用。通过优化资源配置，企业可以确保在风险控制和成本管理之间找到最佳平衡点，从而提高整体运营效率。资源优化配置还需要动态调整，随着市场环境和企业内部条件的变化，企业应不断评估和调整资源分配策略，以确保始终符合成本效益原则，实现企业的长期稳定发展。

二、全面性原则

全面性原则指的是内部控制体系的设计和实施应覆盖组织的各个层面、各个部门及所有业务环节，确保所有风险和潜在问题都能得到识别、评估和控制。这一原则要求内部控制不仅仅局限于财务活动，还应延伸至采购、生产、销售、人力资源、信息技术等各个领域。通过全面性原则，组织能够建立一个整体、系统的控制网络，确保所有业务操作符合规定的政策和程序，从而最大限度地降低操作风险和管理风险。全面性原则有助于构建一个协调统一的控制环境，促进组织目标的实现，保障其长期稳定发展。

（一）内部控制覆盖范围的确定

全面性原则要求企业在内部控制体系中确保所有业务活动和风险领域都得到有效覆盖。确定内部控制的覆盖范围是全面性原则的第一步，企业需要对所有业务流程进行详尽分析，识别出潜在的风险点，并将其纳入内部控制体系中。覆盖范围的确定不仅涉及企业的核心业务，还包括辅助业务和支持活动，这样可以确保整个组织在运营过程中各个环节都受到严格的控制，防止任何的风险被忽视。全面覆盖的内部控制体系为企业提供了全方位的风险防范和管理能力，有助于维护组织的整体稳定性和长远发展。

（二）全面风险管理的实施

在全面性原则的指导下企业必须实施全面风险管理，确保每一种潜在的风险都得到适当的评估和处理。全面风险管理不仅限于财务风险，还包括运营风险、战略风险、法律风险和声誉风险等多个方面。通过系统化的风险识别、评估和应对策略，企业可以构建一个全面的风险管理框架，确保在各种环境下都能有效应对突发事件和不确定性。全面风险管理的实施需要各部门协同工作，确保信息的共享和风险应对措施的统一，这不仅提升了企业的风险抵御能力，也增强了内部控制的协调性和整体性，使企业能够在复杂多变的市场环境中保持竞争优势。

（三）业务流程的全方位控制

业务流程的全方位控制是全面性原则的重要体现，旨在确保企业所有运营活动都在受控状态下进行。全方位控制要求企业对所有关键业务流程进行系统化的设计和监控，从采购、生产、销售到售后服务，每一个环节都必须有明确的控制措施和流程规范。通过全方位的业务流程控制，企业可以确保各项业务活动的合规性和效率，同时有效防范操作风险和管理漏洞。

三、权责分明原则

权责分明原则要求在组织内部控制体系中，明确划分各个岗位的权力和责任，确保每项任务有专人负责，每个决定经过适当的授权。这一原则的实施有助于防止权力过度集中，减少舞弊和错误的机会，确保控制措施的有效性。通过设定清晰的职责分工，组织可以做到职责不相容岗位相互制约，避免由于职权重叠或模糊导致的责任推诿和管理混乱。权责分明原则不仅提高了工作效率和管理透明度，还增强了员工的责任感和积极性，促进了内部控制的整体效果。

（一）组织结构中的权责划分

权责分明原则在组织结构中的应用是确保企业高效运营的基础。一个合理的组织结构必须明确各层级和各部门的职责与权限，确保每一项任务都有具体的责任人和执行者。权责分明不仅有助于提高工作效率，还能避免因职责不清导致的推诿或重复劳动。通过清晰的权责划分，企业可以确保各部门在实现共同目标的同时也能够独立承担其应有的责任。这种明确的分工和权限配置，使得组织运作更加协调有序，为企业的内部控制提供了坚实的基础，并在实际运营中提升管理的有效性[①]。

（二）职责分配与内部控制的关系

在内部控制体系中，职责分配的合理性直接影响控制措施的有效性。权责分明的职责分配有助于建立一个有效的内部控制环境，防止权力过度集中和潜在的操作风险。通过明确的职责划分，企业可以确保各个控制环节都有专门的负责人员，从而减少疏漏和管理盲区。合理的职责分配还能够增强员工的责任意识，促使他们更加主动地遵守控制措施和合规要求。这种清晰的职责分配不仅有助于提高内部控制的执行力，还能促进各部门之间的协作与信息共享，进一步加强企业的整体控制能力和管理水平。

---

① 周静. 行政事业单位财务管理内部控制建设与风险防范策略探究［J］. 财富生活，2023（12）：106－108.

（三）授权机制与责任追究的建立

在权责分明原则的指导下，企业必须建立健全的授权机制和责任追究制度。授权机制确保各级管理人员在其权限范围内做出决策，从而加快企业的响应速度和运营效率。授权必须伴随明确的责任追究制度，确保在出现问题时能够迅速识别责任人并进行相应的处理。责任追究制度不仅有助于维护企业内部的纪律和秩序，还能增强管理人员的责任感，促使其更加谨慎和合规地行使权力。通过合理的授权和严格的责任追究，企业能够在权责分明的框架内保持高效管理，减少风险和操作失误，为企业的长期稳定发展提供有力保障。

四、动态性原则

动态性原则是指内部控制体系应具备灵活性和适应性，能够随着组织内部和外部环境的变化及时进行调整和优化。这一原则强调内部控制不是一成不变的，而是需要根据新的风险、技术进步、业务模式的变化、市场条件的变化等不断更新和完善。通过遵循动态性原则，组织可以及时识别新出现的风险并调整控制措施，以保持内部控制的有效性和相关性。

（一）动态调整的必要性与驱动力

动态性原则在内部控制中强调调整和适应的必要性，以应对不断变化的内外部环境。随着市场、技术和法律法规的不断演变，企业的内部控制措施也必须随之调整，才能有效应对新出现的风险和挑战。驱动动态调整的因素包括市场竞争加剧、技术进步、政策变化以及企业自身的发展需求。这些因素共同促使企业在管理和控制措施上保持灵活性和前瞻性，以确保内部控制始终有效，能够支持企业实现其战略目标。

（二）内部控制措施的动态更新

在动态性原则的指导下，内部控制措施需要不断更新，以适应企业运营环境的变化。随着企业规模的扩大和业务的多元化，原有的控制措施逐渐失效或不再适用。企业必须定期审视和更新其内部控制体系，确保控制措施与当前的运营风险和管理需求相匹配。这种动态更新不仅包括引入新的控制工具和技术，还涉及对现有流程的优化和改进。

（三）适应性管理与市场变化的结合

动态性原则要求企业在管理中具备高度的适应性，特别是在应对市场变化时。市场环境的不确定性和竞争的加剧，使得企业必须具备快速响应和调整的能力，以维持其市场地位和经营绩效。适应性管理强调企业应在战略和运营层面上保持灵活，通过定期评估市场趋势、客户需求和竞争态势，及时调整内部控制和管理措施。将适应性管理与市场变化紧密结合，企业不仅能够迅速应对挑战，还能抓住市场机会，推动业务创新和增长。这种结合使得动态性原则成为企业在复杂市场中保持竞争优势的关键要素。

第三节 内部控制在不同财务环节中的应用

一、预算管理中的内部控制

预算管理中的内部控制通过设立严格的编制、审批和执行程序，确保预算的科学性和可行性。内部控制通过分级授权、预算监督和定期审查，防止超支、挪用和预算偏差，确保资金使用符合组织的战略目标。内部控制在预算执行中设立反馈机制，及时发现并纠正预算执行中的偏差，保障预算管理的透明度和有效性，提高资源配置效率，支持组织的稳健运营和发展。

（一）预算编制过程的控制措施

预算编制过程是预算管理中最基础也是最关键的环节，控制措施的有效性直接决定了预算的合理性和可执行性。在预算编制中企业应制定严格的程序和标准，确保各部门提供的数据真实、准确，并符合企业的战略目标和财务状况。这一过程不仅需要全方位的数据支持，还需要管理层的深入参与和审核，以确保预算编制的科学性和合理性。通过有效的控制措施，企业能够避免预算编制过程中出现的数据偏差和主观因素干扰，从而为预算执行的顺利开展奠定坚实基础。具体预算编制过程中的关键控制措施及其重要性如表 3-3 所示。

表 3-3　预算编制过程中的关键控制措施及其重要性

序号	控制措施	具体内容	重要性
1	制定严格的程序和标准	确保预算编制过程中有明确的操作规范和标准	确保预算编制的流程规范，减少随意性和误差
2	数据真实性和准确性	要求各部门提供真实、准确的数据	保证预算基础数据的可靠性，避免预算失真
3	符合战略目标	预算编制要与企业的长期战略目标相一致	确保预算支持企业的战略方向，有助于实现长期发展
4	管理层参与和审核	管理层深入参与预算编制过程并进行审核	提高预算编制的科学性，确保决策层对预算的认可
5	数据支持与分析	依赖全面的数据支持和分析，评估预算的合理性	提供对预算的深入分析，确保预算的可执行性和实用性

（二）预算执行与监督机制

预算执行是将预算转化为实际行动的过程，其成功与否取决于企业是否建立了有效的监督机制。在预算执行阶段，企业必须实施严格的监控和管理，确保各项支出和收入严格按照预算执行。通过定期的财务报告和审查，企业能够及时发现预算执行中的偏差和问题，并采取相应的纠正措施。监督机制不仅保障了预算的执行力，还能提高资源利用效率，避免资金的浪费和不必要的风险。有效的预算执行与监督机制，确保了企业在预算管理中的财务纪律和运营控制，为实现预期目标提供了有力保障。

（三）预算调整与修正控制

在实际执行过程中，预算不可避免地会遇到各种不可预见的变化和挑战，预算调整与修正控制显得尤为重要。企业需要建立灵活且严格的预算调整机制，确保在环境变化或实际执行与预算偏离时，能够迅速调整预算，并进行适当的修正。这一过程应包括对偏差的分析、调整方案的制定以及管理层的审批，确保调整后的预算依然符合企业的整体战略和财务规划。通过有效的调整与修正控制，企业不仅能够保持预算的灵活性，还能在动态环境中保持财务的稳健性和管理的精准度。

二、收支管理中的内部控制

收支管理中的内部控制通过一系列政策和程序，确保收入和支出活动的合法性、合规性和透明性。具体措施包括收入确认和收款的分离、定期对账以及对异常收入的审查，确保收入完整记录，防止收入流失。在支出方面，内部控制通过设置审批权限、支付流程和支出限额，防止超支和不必要的支出。

（一）收入管理的内部审核与控制

收入管理的内部审核与控制是企业确保财务健康的重要环节，直接影响企业的盈利能力和资金流动性。在收入管理过程中，企业必须实施严格的内部审核机制，确保所有收入来源的合法性和准确性。这一过程不仅要求对销售合同、发票和收款情况进行逐一核对，还需建立明确的职责分配，确保每一笔收入都经过独立审核和确认。通过这种多层次的审核与控制，企业能够有效防范收入确认中的错误和欺诈行为，确保财务报表的真实性和完整性。完善的收入管理内部控制也有助于提高企业的财务透明度，增强投资者和利益相关者的信任，从而为企业的可持续发展奠定基础。

（二）支出审批与付款流程控制

支出审批与付款流程控制是企业管理中另一个关键的内部控制环节，它直接关系到企业的成本控制和现金流管理。在这一环节中企业必须建立严格的支出审批流程，确保所有的支出都经过必要的审核和批准，避免出现未经授权的开支或不合理的费用。这一过程通常包括多级审批机制，涉及相关部门的审核和财务部门的最终核准，以确保支出的合法性和合理性。付款流程的控制也至关重要，企业需要通过信息化手段和自动化系统，确保付款的及时性和准确性，同时防止重复支付或延迟支付问题。通过完善的支出审批和付款流程控制，企业能够有效降低财务风险，优化资金使用效率，确保财务资源的合理配置。

(三) 现金流管理与资金调度控制

现金流管理与资金调度控制是企业财务管理中的核心内容，直接影响企业的生存和发展能力。在日常运营中企业必须密切关注现金流的流入和流出情况，确保能够及时满足运营所需的资金需求。有效的现金流管理不仅包括对短期和长期现金需求的预测，还涉及对各项支出的合理安排，避免出现资金短缺或闲置的情况。资金调度控制是现金流管理的重要组成部分，企业需要通过科学的资金调度策略，将资金灵活配置到最需要的地方，以实现资金使用的最大效益。通过严格的现金流管理与资金调度控制，企业能够保持财务的稳健性和运营的连续性，增强其在市场中的竞争力和抗风险能力。

三、资产管理中的内部控制

资产管理中的内部控制通过一系列制度和程序，确保资产的安全性、完整性和使用效率。具体措施包括在资产购置环节设立审批流程和采购标准，以防止资产采购中的浪费和腐败。在资产使用和维护方面，内部控制要求定期盘点、维护和核对，确保账实相符，防止资产流失、损坏或闲置。

(一) 固定资产购置与处置控制

固定资产的购置与处置是企业资产管理中的关键环节，必须通过严格的内部控制措施来确保资产的有效使用和合理配置。在固定资产的购置过程中，企业应制定详细的审批流程，确保每一项采购决策都基于实际需求和预算限制，并经过多级审核以防止不必要的开支。处置环节同样需要严格的控制，企业应制定明确的处置程序，确保资产在使用寿命结束后能够依法处置，并将处置收益合理入账。这种双重控制机制不仅能防止资产流失，还能优化企业的资产结构，提高资金使用效率。通过对固定资产购置与处置的严格控制，企业能够确保其资产投资的合理性和效益性，为长期稳定的发展提供物质基础①。

（二）资产使用与维护的监控

资产使用与维护的监控是确保企业固定资产保持最佳状态的重要手段。固定资产的高效使用和定期维护不仅延长了其使用寿命，还减少了因设备故障或资产损坏带来的运营中断风险。企业应建立一套完整的监控系统，实时跟踪资产的使用情况，并制定详细的维护计划，确保资产能够在最佳状态下运行。定期的维护和检查还能够及时发现和解决潜在的问题，避免小故障演变成大问题，导致更高的修复成本。

（三）存货管理与盘点控制

存货管理与盘点控制是资产管理中的重要组成部分，直接影响企业的资金占用和运营效率。有效的存货管理要求企业对库存水平进行科学规划，确保存货既不短缺影响生产销售，也不过量积压占用资金。企业应采用先进的信息系统，实时监控库存动态，并通过定期盘点核实账实相符情况，及时发现和纠正存货管理中的问题。盘点控制不仅帮助企业发现库存的损耗、过期或滞销问题，还能确保财务报表中的存货数据准确反映实际情况，从而提高财务报告的可靠性。

（四）资产减值与评估机制控制

资产减值与评估机制的控制是企业保障资产真实价值和财务透明度的重要措施。在市场环境变化或资产使用状况发生显著变化时，企业需定期对资产进行减值测试和评估，确保资产账面价值与实际可收回金额相符。有效的减值评估机制要求企业建立科学的评估流程和方法，合理确定减值准备的金额，并及时反映在财务报表中。这种控制不仅确保了财务信息的准确性和完整性，还防止了资产价值虚高对企业决策和投资者判断的误导。定期的资产评估有助于企业及时发现和应对潜在的资产减值风险，确保资产管理的稳健性和财务管理的可持续性。通过

---

① 张文莲. 新形势下事业单位财务管理内部控制体系构建研究［J］. 今商圈，2023（1）：88-91.

对资产减值与评估机制的严格控制，企业能够维护其财务报表的公正性，增强市场信任，为企业的长远发展保驾护航。

四、财务报告中的内部控制

财务报告中的内部控制通过一系列规范化流程和审查机制，确保财务数据的准确性、完整性和及时性。内部控制设立标准的会计政策和记录程序，确保财务信息的可靠性。通过定期的内部审计和数据核对，及时发现并纠正错误或异常。内部控制还包括对财务报表的编制和审批过程的监督，防止虚假报告和信息篡改。确保财务报告的透明性和遵循相关会计准则，以满足法律法规和外部审计的要求。这些措施共同保障了财务报告的真实性，为管理决策和利益相关者提供可靠的财务信息。

（一）财务数据的准确性控制

财务数据的准确性控制是财务报告中最基础的内部控制环节，它直接影响企业财务报表的可靠性和可信度。为确保财务数据的准确性，企业需要建立一套严格的会计核算制度和数据处理流程，涵盖从原始凭证的记录到财务数据的汇总与整理的各个环节。这些控制措施不仅要求对财务数据进行多层次的审核和复核，还包括对异常数据的分析和处理，确保每一项数据都真实、准确地反映企业的财务状况。通过有效的财务数据控制，企业能够避免因数据错误导致的财务报告失实，进而维护其在市场中的诚信形象，同时为管理层和投资者提供可靠的决策依据。财务数据的准确性控制不仅是内部控制的核心内容，也是保障企业财务管理有效性的基础。

（二）报告编制与审核流程

报告编制与审核流程是确保财务报告质量的重要环节，直接决定了最终报表的完整性和准确性。在财务报告的编制过程中，企业应制定详细的编制规范和流程，明确各环节的责任和标准，确保财务报表在编制过程中遵循一致性和规范性原则。审核流程则是对编制过程中出现的错误和遗漏进行检查和修正的关键步骤，通常由内部审计部门或独立的第三方审计机构进行多层次的审核。通过严格的报告编制与审核流程，企业能够确保财务报告的内容完整、结构合理，并符合相关会计准则和法规要求。有效的编制与审核流程不仅提高了财务报告的质量，还增强了企业的合规性和透明度，提升了投资者和监管机构对企业的信任。

（三）信息披露的合规性控制

信息披露的合规性控制是确保财务报告符合法律法规和监管要求的关键。企业在财务报告中必须遵循相关法律法规，全面、准确地披露其财务状况和经营成果。这包括对财务数据、经营风险、重大事项以及管理层分析等方面的披露，确保信息的透明性和完整性。企业应建立一套严密的信息披露控制机制，通过合规部门的审核和法律顾问的咨询，确保所有披露的信息符合相关的合规要求，并避免任何引发法律风险的错误或遗漏。有效的信息披露控制不仅能保护企业免受法律处罚，还能增强企业在资本市场中的公信力，吸引更多的投资者和合作伙伴。通过严格的信息披露合规控制，企业能够树立良好的市场形象，为长期健康发展奠定基础。

（四）财务报告的审计与改进机制

财务报告的审计与改进机制是确保财务报告质量和内部控制体系持续有效的最后一道防线。通过定期的内部审计和外部审计，企业能够全面检视财务报告的编制过程和内容，识别存在的风险和漏洞。审计过程不仅包括对财务数据和报告流程的详细检查，还涉及对内部控制措施的有效性评估，确保财务报告的公正性和准确性。在发现问题后，审计结果应及时反馈至相关部门，并制定相应的改进计划，以纠正错误和优化流程。持续的改进机制不仅提升了财务报告的质量，还增强了企业内部控制体系的弹性和适应性，确保企业能够在不断变化的市场和法规环境中保持合规和竞争力。通过审计与改进机制的有效运行，企业不仅能够提高财务管理的标准化水平，还能进一步巩固其在市场中的地位和信誉。

第四节　内部控制体系的优化策略

一、风险导向的优化方法

风险导向的优化方法是指在内部控制和财务管理中，以风险识别、评估和应对为核心，针对组织的主要风险领域进行有针对性的优化。通过全面的风险评估，识别可能影响组织目标实现的关键风险点。根据风险评估的结果，优化控制措施和管理流程，重点确保资源投向高风险领域的控制，提高风险防范的效率和效果。例如加强对高风险业务的监控，设立更加严格的审批流程，或引入信息技术手段提升风险监控能力。

（一）风险识别与优先级排序

风险识别与优先级排序是风险导向优化方法的起点，也是企业有效管理风险的基础。企业首先需要全面识别各种影响其运营和财务的风险因素，包括市场、运营、法律和财务等多方面的风险。通过详细的风险识别，企业能够建立一个全面的风险数据库，为后续的管理提供数据支持。对这些识别出的风险进行优先级排序，根据风险发生的概率和潜在影响确定哪些风险需要优先处理。这一过程确保企业能够集中资源应对最关键的风险，避免在管理过程中陷入"头痛医头，脚痛医脚"的被动状态。优先级排序还为企业的战略决策提供了科学依据，使其能够在复杂的市场环境中保持稳健的运营和长远的发展。

（二）风险应对策略的优化

在完成风险识别和优先级排序后，企业需要制定和优化相应的风险应对策略，以确保能够有效防范和减轻潜在风险的影响。风险应对策略的优化要求企业不仅要制定多种应对措施，还需根据实际情况和外部环境的变化，不断调整和改进这些措施。常见的风险应对策略包括风险规避、风险转移、风险减轻和风险承受,每种策略都有其适用的情境和条件。企业在优化风险应对策略时,应综合考虑各类风险的特点和企业自身的承受能力,确保应对措施既经济可行,又能有效降低风险的负面影响。通过对风险应对策略的持续优化,企业能够提升其整体风险管理水平,在面对不确定性时表现出更强的弹性和应变能力。

（三）动态风险监控与评估

动态风险监控与评估是确保风险导向优化方法长期有效的关键环节。企业需要建立一个持续监控的机制,实时跟踪和评估风险状况的变化,确保在风险出现时能够及时响应。动态监控不仅包括对已识别风险的跟踪,还应涵盖对新出现风险的快速识别和应对能力的提升。企业应定期进行风险评估,以评估现有风险应对措施的有效性,并根据评估结果进行必要的调整和优化。通过动态监控与评估,企业可以保持对风险的高度敏感性,迅速发现并应对潜在威胁,避免因环境变化而导致的风险失控。动态风险监控和评估的实施,使得企业的风险管理体系始终处于最佳状态,能够在复杂多变的市场环境中保持竞争优势和运营稳定。

（四）持续改进的风险管理体系

持续改进的风险管理体系是风险导向优化方法的最终目标,通过不断的调整和优化,企业可以建立一个灵活而强大的风险管理体系。持续改进不仅要求企业定期评估风险管理措施的有效性,还需要在实践中不断总结经验教训,吸收新的管理理念和技术手段。企业可以通过内部审计、外部评估以及员工反馈等多种途径,发现现有风险管理体系中的不足之处,并进行有针对性的改进。这种持续改进的过程不仅提升了企业的风险管理能力,还增强了内部控制的适应性和前瞻性。最终,持续改进的风险管理体系能够帮助企业在瞬息万变的市场环境中稳健前行,实现可持续发展和长期成功。

二、信息化手段的运用

信息化手段的运用在现代财务管理和内部控制中发挥着关键作用,显著提升了管理效率和精确度。通过采用财务管理软件、ERP系统和数据分析工具,组织可以实现财务数据的自动采集、处理和实时分析，减少人为错误，确保信息的准确性。信息化手段还支持自动生成财务报告、预算编制和执行的监控，大大提高了工作效率。利用云计算和大数据技术，组织可以更有效地进行风险评估和预测，及时调整策略。

（一）信息系统的集成与升级

信息系统的集成与升级是企业在信息化过程中提升效率和竞争力的关键措施。随着业务规模的扩大和管理需求的增加，企业面临着多个信息系统之间数据不互通、信息孤岛等问题，这不仅限制了管理的有效性，还增加了运营的复杂性。通过信息系统的集成，企业可以将各部门、各业务单元的信息系统连接起来，实现数据的共享与流程的无缝衔接，从而提高整体运作的协同性和效率。信息系统的升级能够引入新的技术和功能，满足企业在数据处理、业务分析和决策支持等方面的更高要求。

（二）数据分析在决策中的应用

数据分析在决策中的应用是信息化手段赋能企业管理的重要表现之一。在当前数据驱动的商业环境中，企业每天都会产生大量的数据，这些数据中蕴含着丰富的商业价值和决策依据。通过先进的数据分析工具和技术，企业可以对历史数据和实时数据进行深度挖掘，识别出潜在的趋势、风险和机会，从而为决策提供有力支持。数据分析不仅能够提高决策的准确性和科学性，还能帮助企业优化资源配置，降低运营成本，提升市场竞争力。

（三）信息化助力内部控制自动化

信息化手段的运用极大地推动了企业内部控制的自动化水平，通过引入信息技术，企业可以将传统的手工控制流程转变为自动化的控制系统。自动化的内部控制不仅减少了人为错误的发生，还提高了控制措施的执行效率和覆盖范围。例如财务报表的自动生成、交易的实时监控、审批流程的电子化等都使得内部控制更加高效、透明。信息化手段还使得企业能够实时监控各项业务活动，迅速识别和应对潜在风险，确保内部控制体系的有效运作。通过信息化手段，企业不仅优化了内部控制流程，还增强了对内部风险的把控能力，为提升管理水平和经营效率提供了坚实保障。

（四）信息安全与隐私保护

随着信息化手段的广泛应用，信息安全与隐私保护已成为企业必须高度重视的课题。信息化在提升管理效率的同时也带来了数据泄露、网络攻击等安全风险，这对企业的声誉和运营构成了重大威胁。企业在推行信息化过程中，必须建立健全信息安全管理体系，包括数据加密、访问控制、网络安全防护等措施，以防止敏感信息的泄露和非法访问。随着个人隐私保护法规的日益严格，企业还需确保其信息处理行为符合相关法律法规的要求，避免因隐私保护不力而面临法律风险。

三、内部审计的强化

强化内部审计是提高内部控制体系有效性的重要措施。通过独立、客观的审计活动，内部审计能够全面评估组织的财务报告、运营效率和合规性，及时发现并报告潜在风险和控制缺陷。强化内部审计需要建立健全的审计机制，确保审计职能独立于管理层，具备充分的权力和资源开展工作。审计人员应具备专业能力和职业道德，通过持续的培训提升审计技能。内部审计应制定详细的审计计划，涵盖组织各个关键风险领域，并定期进行审查和跟踪审计结果的整改落实情况。

（一）内部审计的独立性与权威性

内部审计的独立性与权威性是确保其在企业管理中发挥有效监督作用的前提。为了实现这一点，企业必须将内部审计部门置于管理层和董事会的直接监督之下，避免其受制于被审计部门的影响。独立性使得内部审计能够客观、公正地评估企业的财务状况和运营效率，识别风险和内部控制中的缺陷，从而为管理层提供真实可靠的建议。内部审计的权威性也至关重要，它不仅来自于组织结构的独立性，还需要审计人员具备专业的知识和技能，以及对企业业务的深刻理解。

通过确保内部审计的独立性与权威性，企业能够建立起一套有效的审计体系，提升内部控制的质量和管理的透明度。

(二) 审计流程与方法的优化

审计流程与方法的优化是内部审计强化的重要内容。随着企业业务的复杂性增加，传统的审计方法难以全面覆盖所有风险领域，企业需要不断优化其审计流程和方法。审计流程应以风险为导向，将有限的审计资源集中在风险较高的领域，提高审计的效率和效果。企业应引入先进的审计技术和工具，如数据分析、持续审计等，提升审计的深度和广度。优化后的审计方法不仅能够更准确地识别企业内部的风险和问题，还能够为管理层提供更加及时和有针对性的改进建议。通过审计流程与方法的优化，内部审计能够更好地发挥其监督和保障作用，确保企业在日常运营中保持稳健和合规。

(三) 审计发现的整改与跟踪

审计发现的整改与跟踪是内部审计工作闭环的重要环节，确保发现的问题能够得到有效解决，并防止问题的重复发生。企业在接收到内部审计报告后，必须及时制定整改计划，明确整改措施、责任人和完成期限，以确保问题得到彻底解决。整改措施的落实情况需要由内部审计部门进行持续跟踪，确保其真正落实到位。如果在跟踪过程中发现整改不力或效果不佳，审计部门应及时报告管理层并采取进一步的措施。通过这种闭环管理，企业不仅能够快速消除管理中的风险和漏洞，还能够不断提升内部控制和管理水平，从而增强整体运营的稳健性和合规性。

(四) 审计部门与其他部门的协同

审计部门与其他部门的协同是内部审计强化的重要保证，直接影响审计工作的效果和覆盖面。内部审计不仅需要具备独立性，还应与企业各个业务部门保持良好的沟通和协作，以确保审计工作能够顺利进行并深入了解各业务环节的实际情况。通过与财务、运营、法律等部门的密切合作，内部审计能够更全面地识别和评估企业各项业务活动中的风险和控制缺陷。协同工作还可以促进审计发现的整改与落实，确保各部门在整改过程中得到充分的支持和资源。审计部门也可以通过与其他部门的互动，提升其对企业整体运营的理解，从而更有效地进行风险评估和内部控制审核。

四、员工培训与意识提升

员工培训与意识提升是确保内部控制和财务管理有效性的关键因素。通过定期的培训，员工可以掌握最新的财务管理政策、操作规范和内部控制要求，提高工作技能和合规意识。培训内容应涵盖风险识别、防范舞弊、合规要求以及信息安全等方面，确保员工了解其在内部控制体系中的角色和责任。组织应通过宣传和引导，培养员工的责任感和诚信意识，营造重视内部控制和合规管理的文化氛围。定期开展内部控制教育和风险意识宣传，增强全员对内部控制的重视程度，形成全员参与、共同维护的良好局面，从而提升组织整体的管理水平和风险防范能力。

（一）风险意识与合规教育

风险意识与合规教育是员工培训中的核心内容，也是提升企业整体风险管理水平的重要手段。通过系统的风险意识培训，企业能够帮助员工识别和理解工作中潜在的风险，并增强他们的风险防范能力。这不仅包括对常见业务风险的认知，还涵盖对法律法规的了解，确保员工在日常工作中能够自觉遵守公司政策和外部法规。合规教育则进一步强化了员工的合规意识，使其明确违规行为的后果和企业对合规管理的重视程度。通过定期的风险和合规教育，企业能够在员工中形成一种重视风险和合规的文化氛围，从而降低操作风险和法律风险，确保企业运营的合法性和稳定性。

（二）岗位技能与职业发展培训

岗位技能与职业发展培训是企业为员工提供的基础能力建设项目，旨在提升员工的工作效率和职业素养。企业应根据各岗位的具体需求，设计针对性的技能培训课程，确保员工具备完成工作任务所需的专业知识和操作能力。职业发展培训还应涵盖领导力培养、跨部门合作、创新能力等方面，帮助员工在职业生涯中不断提升自身价值。通过这种系统化的培训，企业不仅能够提高员工的工作质量和效率，还能增强员工的职业发展信心和企业忠诚度，减少人才流失率。一个拥有高素质员工的企业，往往在市场竞争中更具优势，也更能应对各种挑战和变化。

（三）内部控制相关知识的普及

内部控制相关知识的普及是企业强化内部控制体系的重要举措，也是员工培训的关键环节之一。通过普及内部控制知识，企业能够确保员工理解内部控制的重要性及其在企业运营中的具体应用。培训内容应包括内部控制的基本概念、常见的控制措施、风险防范技巧等，使员工能够在日常工作中主动运用这些知识，提升工作质量并确保合规操作。企业还可以通过案例分析、模拟演练等方式，让员工更直观地理解和掌握内部控制的实践方法。普及内部控制知识，不仅提高了员工的工作水平，还强化了企业的风险管理能力，确保企业各项业务活动都在受控状态下进行，推动企业的稳健发展。

（四）持续学习与培训效果评估

持续学习与培训效果评估是确保员工培训长期有效的必要步骤。企业应建立持续学习机制，为员工提供定期更新知识和技能的机会，跟上行业发展和技术进步的步伐。这种持续学习不仅能够保持员工的工作活力和创新能力，还能为企业培养出一批高素质、适应性强的人才队伍。培训效果评估也是不可忽视的环节，企业应通过定期的考核、问卷调查和工作绩效分析等手段，评估培训的实际效果，并根据评估结果进行相应的调整和改进。通过科学的评估机制，企业能够不断优化培训内容和方式，确保每一项培训都能达到预期效果，为员工的成长和企业的发展提供坚实保障。

第四章 事业单位预算管理与内部控制

第一节 预算管理的基本流程

一、预算编制

预算编制是财务管理中的关键环节，旨在通过合理规划未来的收入和支出，为组织的运营和战略目标提供财务支持。预算编制过程通常包括收集和分析历史财务数据以及未来经济环境的预测，确定预算编制的基本依据；根据组织的战略目标和各部门的需求，制定详细的预算草案，涵盖收入预算、运营预算、资本预算等；进行内部审核和调整，确保预算的科学性和可行性；预算经高层管理者审批后，正式下达执行。

（一）预算编制的基本原则

预算编制是企业管理中的重要环节，关系到资源的有效配置和战略目标的实现。编制预算时，应遵循一系列基本原则，以确保预算的科学性和可执行性。预算编制应以战略导向为核心，确保各项预算安排与企业的长期发展战略相一致。预算编制要体现合理性和可行性，既要考虑企业的发展目标，也要根据实际情况做出切实可行的预算安排。预算编制还应强调透明性和参与性，通过多层次的讨论和审核，确保预算的全面性和公正性。具体预算编制的基本原则及其作用如表4-1所示。

表4-1 预算编制的基本原则及其作用

序号	基本原则	具体内容	作用
1	战略导向	预算安排应与企业的长期发展战略相一致	确保预算支持企业战略目标，实现长期发展

续表

序号	基本原则	具体内容	作用
2	合理性和可行性	预算编制既要考虑目标,也要根据实际情况安排	提高预算的实际操作性,确保目标可实现
3	透明性	预算过程应公开透明,信息共享	增强预算编制的信任度,减少不必要的争议和偏见
4	参与性	通过多层次的讨论和审核,确保各方参与	确保预算的全面性和公正性,提升各部门的责任意识
5	全面性	涉及所有相关业务和财务活动的预算安排	确保预算覆盖所有重要方面,减少遗漏

(二)预算编制的流程与方法

预算编制的流程和方法决定了预算的科学性和合理性。一个科学的预算编制流程通常包括准备、编制、审核和批准四个主要步骤。在准备阶段,企业需要收集相关数据,分析历史财务状况和未来的市场趋势,为预算编制提供数据支持。接下来,企业根据不同部门的实际情况和企业的战略目标,编制详细的预算方案。这个过程通常采用自下而上的方法,即由各个部门首先提出预算草案,再由管理层进行汇总和调整。预算草案经过多轮审核和讨论后,形成最终的预算方案。为了确保预算的科学性,企业在预算编制中应采用量化分析法、标准成本法等先进的预算编制方法。通过科学的流程和方法,企业能够编制出切实可行的预算,为后续的预算执行和控制提供可靠的依据[①]。

(三)部门间的协调与沟通

预算编制是一个需要多部门协同合作的复杂过程,部门间的协调与沟通至关重要。各部门的预算需求和目标有所不同,甚至存在冲突,这就要求在预算编制过程中加强跨部门的沟通与协调。有效的沟通能够帮助各部门理解整体战略目标,并在预算编制中自觉配合,避免因信息不对称或误解而导致的预算编制偏差。企业应通过定期的预算会议、跨部门的协作平台以及透明的沟通机制,确保

---

① 李鸽.内部控制视角下事业单位财务管理研究[J].财务管理研究,2023(7):132-136.

各部门之间能够顺畅交流、相互理解。通过良好的沟通与协调，各部门可以就资源分配、预算优先级等问题达成共识，形成统一的预算方案，从而提高预算编制的整体质量和执行的协同性。具体预算编制过程中多部门协同合作的过程如图4-1所示。

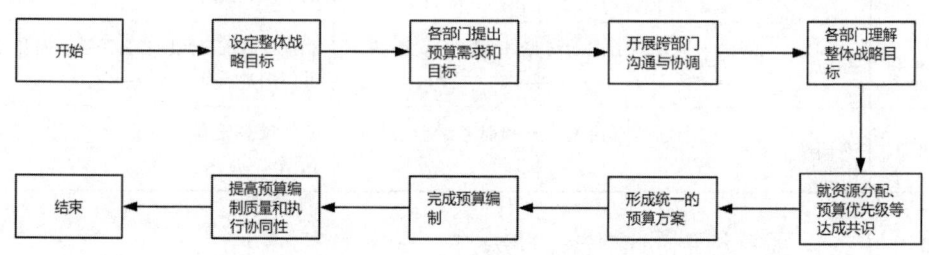

图4-1 预算编制过程中多部门协同合作的过程

二、预算执行

（一）预算执行的责任分工

预算执行的责任分工是确保预算有效落实的基础环节。在预算执行过程中，各级管理者和相关部门必须明确自己的责任与权力，确保各项预算指标能够得到有效的执行。责任分工不仅仅是简单的任务分配，还涉及到对各部门和个人的权责界定，确保每个预算执行环节都有明确的负责人，从而避免推诿和疏漏。在实际操作中，企业应制定详细的预算执行责任分工表，明确各部门和岗位的职责范围及任务指标，确保预算执行的有序开展。企业还需建立明确的责任追究机制，对预算执行过程中因职责不清或未按计划执行造成的偏差，追究相关责任人的责任。通过科学的责任分工，企业能够确保预算的执行力和效率，推动预算目标的实现。

（二）预算执行的监控与反馈

预算执行的监控与反馈是确保预算执行与企业实际运营情况保持一致的重要措施。在预算执行过程中，企业应建立实时监控机制，及时跟踪各项预算的执行情况，确保支出和收入都能按照预算计划进行。监控不仅包括对各项财务指标的跟踪，还应涵盖对业务活动的全面监督，确保预算与实际业务发展相一致。反馈机制则是预算监控的延伸，通过定期的预算执行报告和反馈会议，企业能够及时发现预算执行中的偏差，并做出相应调整。这种实时的监控与反馈，不仅有助于企业及时发现问题并进行纠正，还能为下一阶段的预算调整提供重要依据，确保预算执行过程中的灵活性和适应性，从而提升整体预算管理的效果。

(三) 预算执行中的问题识别

在预算执行过程中，问题识别是关键的控制环节，能够帮助企业提前发现潜在风险并采取应对措施。常见的问题包括预算执行偏差、资金使用效率低下、资源配置不合理等。通过定期的审查和分析，企业可以及时识别这些问题，并进行深层次的原因分析。例如预算执行偏差源于市场环境的变化、内部管理的失误或外部政策的调整等。企业需要建立一套有效的问题识别机制，包括定期的审计检查、管理层的监控以及各部门的自查报告。问题识别不仅是为了解决当前的预算执行问题，更重要的是为未来的预算编制和执行提供参考和改进方向。通过准确的问题识别，企业能够不断优化预算执行过程，提升管理水平和资源利用效率。

三、预算控制

预算控制是指在预算执行过程中，对实际收入和支出进行监督和管理，以确保其符合既定预算计划的过程。预算控制的主要目标是防止超支、资金挪用和资源浪费，确保财务资源的合理使用和组织战略目标的实现。具体措施包括：设立分级审批权限，对所有超预算的支出进行严格审查；定期对比实际支出与预算计划，及时发现偏差并分析原因；采取纠正措施，如调整预算或优化资源配置，以应对不可预见的变化；通过信息系统实时监控预算执行情况，确保财务数据的透明性和及时性。有效的预算控制可以增强组织的财务纪律，提升资金使用效率，并为未来的财务决策提供可靠依据。

(一) 预算控制的关键指标

预算控制的关键指标是确保企业资源合理分配和战略目标实现的核心工具。

在预算执行过程中，企业需要设立一系列关键指标，这些指标不仅反映了财务表现，如成本控制、收入增长、利润率等，还涉及运营效率、市场份额、客户满意度等非财务指标。通过这些关键指标，企业能够实时监控预算执行情况，确保各项支出和收入与预算目标保持一致。这些指标为管理层提供了一个衡量实际绩效的基准，使其能够迅速识别出预算执行中出现的偏差和问题。有效的关键指标体系能够帮助企业在预算控制中保持清晰的方向和目标，提高整体管理效率和决策质量。

（二）预算执行中的偏差分析

偏差分析是预算控制中不可或缺的一部分，它帮助企业理解预算执行中出现的差异，并找到问题的根源。在实际运营中，预算执行往往会受到各种内外部因素的影响，如市场变化、运营效率的波动、政策调整等，这些因素导致实际支出或收入与预算目标不符。通过偏差分析，企业能够深入了解这些差异的原因，并评估其对整体财务状况和运营目标的影响。偏差分析不仅是发现问题的手段，也是制定纠正措施的重要依据。通过定期的偏差分析，企业可以及时调整预算策略，修正执行过程中的错误，从而确保预算的有效性和可控性，最终实现企业的战略目标。

（三）预算控制措施的落实

预算控制措施的落实是确保预算控制系统有效运作的关键步骤。落实预算控制措施要求企业在预算执行的各个环节都设立严格的控制点，这些控制点应当覆盖预算执行的全过程，包括审批流程、支出监控、资源分配和绩效评估等方面。企业应建立一套详细的控制机制，确保各部门严格按照预算执行计划进行操作，避免超支或盲目削减开支。预算控制措施的落实还需要得到管理层的强有力支持和监督，确保所有的控制措施能够有效执行，并及时调整和优化。通过有效的落实，企业不仅能够防范潜在的财务风险，还能提高资金使用效率，确保各项资源得到合理配置，最终推动企业实现预算目标。

四、预算调整与分析

预算调整与分析是确保预算管理灵活性和有效性的重要环节。预算调整指在预算执行过程中，根据实际情况的变化，对原定预算进行修正，以更好地反映当前的财务状况和需求。这可能涉及增加或减少某些项目的预算，重新分配资源，或根据优先级调整支出计划。预算分析则通过对实际支出与预算目标的比较，识别偏差，并分析偏差产生的原因，如市场变化、成本增加或管理不善等。通过分析，可以提出改进措施，以优化预算编制和执行流程。定期的预算调整与分析有助于组织保持财务计划的适应性和精准性，确保资源的最优配置和财务管理的有效性。

（一）预算调整的触发条件

预算调整的触发条件是企业在动态环境中保持财务灵活性和准确性的关键所在。在预算执行过程中，企业会遇到各种不可预见的变化，如市场环境的剧烈波动、新的法律法规出台、技术进步或企业战略调整等，这些都导致原有预算目标不再适用。为了保持预算的现实性和可行性，企业必须及时识别这些变化并做出预算调整。触发条件的设定应基于对企业内外部环境的敏感监控，确保预算调整能够及时响应变化，避免财务管理与实际运营脱节。

（二）预算调整的程序与审批

预算调整的程序与审批是确保预算调整过程规范化、透明化的重要保障。当预算调整的触发条件被激活时，企业应启动预算调整程序。各相关部门需要提出调整申请，详细说明预算调整的原因、具体项目和调整金额。这些申请需要经过多层次的审核，包括财务部门的初步审查、相关业务部门的核实以及管理层的最终审批。

（三）预算调整后的影响评估

预算调整后的影响评估是确保调整措施有效性的重要步骤。在预算调整完成并得到执行后,企业应对调整的影响进行全面评估,分析调整是否达到了预期效果,以及对企业整体财务状况和运营活动产生了怎样的影响。评估过程包括对调整项目的效果测量、对调整后财务数据的分析,以及对相关业务部门反馈的收集。通过评估,企业能够识别出预算调整中的不足之处,并为下一次调整提供宝贵的经验和改进建议。预算调整后的影响评估还有助于提高企业对市场变化的应对能力,确保预算管理与实际运营的高度一致性,从而保障企业战略目标的顺利实现。

(四) 预算执行情况的综合分析

预算执行情况的综合分析是预算管理的重要环节,能够为企业提供全面的财务管理洞察。通过对预算执行全过程的回顾和分析,企业可以总结出预算执行中的成功经验和存在的问题。这一分析应包括对预算执行偏差的系统性总结、对关键指标的跟踪评估以及对各部门预算执行表现的比较。综合分析不仅有助于企业了解预算执行中的实际效果,还能为未来预算编制和调整提供数据支持和决策依据。综合分析还可以揭示出企业在预算管理中存在的结构性问题,如资源分配不合理、预算目标设定过高或过低等,从而为企业进一步优化预算管理体系提供方向。

第二节 预算管理中的内部控制要求

一、预算编制的内部控制

预算编制的内部控制是确保预算的科学性、合理性和可操作性的关键措施。有效的内部控制在预算编制过程中,首先要求设立明确的编制流程和标准,确保预算依据充分,数据来源可靠。预算编制应包括各相关部门的参与,通过广泛的意见收集,确保预算符合实际需求和组织战略目标。建立审批机制,预算草案需经过多层级审核和修订,防止个人主观决策导致预算偏差。预算编制完成后,应进行严格的独立审计和评估，确保预算编制的公正性和透明度。

（一）预算编制流程的标准化

预算编制流程的标准化是确保预算编制科学性和一致性的关键。标准化流程为各部门提供了明确的指引，使得预算编制能够在统一的框架下进行，避免因操作不规范导致的预算偏差和信息不对称。通过建立标准化流程，企业能够确保所有相关人员遵循相同的编制步骤，从而提升预算数据的准确性和可比性。标准化流程还能提高预算编制的效率，减少编制过程中的冗余步骤和重复工作，确保预算能够及时、准确地完成。标准化流程有助于预算编制的透明化和可追溯性，确保每一步操作都有据可查，有助于事后审计和评估。具体预算编制流程标准化的关键要素及优势如表 4-2 所示。

表 4-2　预算编制流程标准化的关键要素及优势

序号	关键要素	具体内容	优势
1	明确指引	提供统一的预算编制步骤和指引	确保预算编制的规范性和一致性，减少误差和偏差
2	统一框架	在统一的框架下进行预算编制	提高预算数据的准确性和可比性，避免信息不对称
3	提高效率	通过标准化流程减少冗余步骤和重复工作	提升预算编制速度，确保预算及时完成
4	透明化	标准化流程使预算编制过程更加透明	增强预算编制的公开性和透明性，提高各部门的信任度
5	可追溯性	每个预算编制步骤都可记录和追溯	方便事后审计和评估，确保预算编制过程的合规性和责任明确

（二）数据收集与验证的控制措施

数据收集与验证是预算编制中的重要环节，对预算的准确性和合理性具有直接影响。在预算编制过程中，数据的准确性至关重要，因为错误的数据导致预算目标的偏离，影响企业的整体财务管理。为确保数据的真实性和可靠性，企业应制定严格的数据收集与验证控制措施。这些措施包括数据来源的审核、数据录入的双重检查以及数据逻辑的一致性验证。通过这些控制措施，企业能够有效防止数据录入错误和数据造假，从而确保预算编制以准确的数据为基础进行。数据验证过程还能帮助企业发现潜在的业务问题和异常现象，及时采取措施进行纠正，进一步提高预算编制的质量。

（三）预算编制的权限分配

预算编制的权限分配是确保预算编制过程规范有序的关键因素。合理的权限分配能够明确各级管理人员和部门在预算编制中的职责和权限，防止权力过度集中或分散导致的决策失误。企业应根据各部门的职责和职能，科学分配预算编制的权限，确保每个环节都有专人负责，并在权限范围内作出决策。权限分配还需与内部控制机制相结合，设置相应的审批和监督环节，防止滥用权力或未经授权的预算调整。

二、预算执行的内部控制

预算执行的内部控制通过设立一系列监督和管理机制，确保实际支出与预算计划相符。具体措施包括建立分级审批制度，所有支出必须符合预算标准并经过严格的审查；定期监控预算执行情况，及时对比实际支出和预算目标，发现偏差并分析原因；设置反馈机制，及时调整预算执行策略以应对变化。通过信息系统的实时监控和审计，确保财务数据的透明性和准确性。这些内部控制措施有助于防止超支、资金挪用和资源浪费，提高预算执行的效率和有效性。

（一）预算执行的责任划分与授权

预算执行的责任划分与授权是确保预算执行顺利进行的基础。明确的责任划分有助于企业将预算执行的各项任务落实到具体的部门和个人，从而避免因责任不清导致的推诿和延误。在预算执行过程中，各部门和管理层应根据预定的预算目标承担相应的职责，并在各自权限范围内进行决策和操作。合理的授权机制能够使预算执行更加灵活高效，各级管理人员可以根据实际情况在权限范围内做出及时调整，避免因层层审批而导致的执行滞后。授权机制还需要设置相应的监督和反馈机制，确保授权在控制范围内进行，从而防止滥用权力和决策失误。通过明确的责任划分与科学的授权，企业能够确保预算执行过程中的各项任务有序推进，提升预算执行的效率和效果。

（二）预算执行过程中的实时监控

实时监控是预算执行内部控制的重要组成部分，旨在确保各项预算支出和收入严格按照既定计划执行。在预算执行过程中，企业应建立一套完善的监控系统，对各项预算执行情况进行实时跟踪和记录。实时监控不仅包括对财务数据的动态监测，还应涵盖业务活动的全过程，确保资金流动、资源配置和业务执行都能与预算目标保持一致。通过实时监控，企业能够及时发现预算执行中的偏差和异常情况，并采取必要的措施进行调整和纠正。有效的实时监控机制还能够提高管理层对预算执行进展的掌控能力，使其能够在预算执行过程中做出科学的决策和应对措施。最终，实时监控有助于企业在预算执行中保持对内外部环境变化的敏感性，确保预算目标的顺利实现。

（三）异常支出的识别与预警

异常支出的识别与预警是预算执行内部控制中防范财务风险的重要手段。在预算执行过程中，企业会遇到各种突发事件或意外支出，这些异常支出如果不加以控制，会对企业的财务状况造成严重影响。企业应建立异常支出的识别与预警机制，通过设定支出限额、异常支出标识和自动化预警系统，及时发现和识别超出预算的支出项目。一旦识别出异常支出，企业应迅速分析其原因，并采取相应的应对措施，如重新评估预算、调整支出计划或寻求额外资金支持等。预警机制的有效运作能够帮助企业在预算执行过程中提前发现潜在风险，防止异常支出对企业财务造成的负面影响，从而确保预算执行的严谨性和稳健性。

三、预算控制的内部控制

预算控制的内部控制通过一系列制度和程序，确保预算执行的有效性和合规性。关键措施包括设立严格的审批流程，所有超预算支出需经过多级审核和授权；建立定期预算执行报告制度，持续监控实际支出与预算的差异；使用信息系统进行实时数据分析，及时识别偏差和潜在风险；设置纠偏机制，通过调整预算或优化资源配置应对意外变化。通过这些内部控制，组织可以有效防范财务风险，确保预算控制的严谨性和资源使用的合理性，实现财务管理目标。

(一) 预算执行与控制的关键指标设定

预算执行与控制的关键指标设定是预算控制内部控制体系的核心要素，直接影响企业的资源配置和战略目标的实现。在预算控制过程中，企业需要设立一系列关键绩效指标（KPI），这些指标涵盖了财务和非财务领域，确保预算执行能够有效支持企业的整体运营目标。关键指标的设定应基于企业的战略重点和业务需求，包括收入、成本、利润率、现金流等方面的具体指标。这些指标不仅为各部门提供了明确的工作方向，也为管理层提供了衡量预算执行效果的基准。关键指标的动态调整机制同样重要，以便在市场环境或企业内部发生重大变化时，能够及时修订指标，保持预算控制的灵活性和适应性。

(二) 预算控制中的合规性审查

合规性审查是预算控制中的重要环节，旨在确保预算执行符合相关法律法规和企业内部政策。在预算执行过程中，企业必须进行严格的合规性审查，防止不合规的支出或操作给企业带来的法律风险或财务损失。合规性审查应涵盖预算执行的各个环节，包括采购流程、合同签订、资金支付等方面。通过设置合规性检查点和建立合规报告制度，企业能够及时发现并纠正不合规行为，确保预算执行过程中的每一项支出都符合法律要求和企业的内部控制标准。合规性审查不仅保护了企业的合法权益，还增强了企业的社会责任感和市场信誉，为企业的长期发展提供了重要保障。有效的合规性审查机制可以减少潜在的财务风险，提高预算控制的整体安全性和可靠性。

(三) 预算控制与财务审计的协同机制

预算控制与财务审计的协同机制是确保预算管理严谨性和有效性的关键保

障。在预算控制过程中,财务审计部门应参与到预算执行的监督和评估中,通过审计发现预算执行中的潜在问题和风险。审计部门的独立性和专业性使其能够提供客观的审查意见,确保预算执行符合既定的控制标准和流程。审计部门与预算控制部门之间的协同合作,有助于将审计发现的结果及时反馈给管理层,以便在预算执行过程中进行必要的调整和改进。通过这种协同机制,企业能够强化预算执行的监督力度,及时纠正偏差,提高预算控制的整体效果。协同机制的有效运行,不仅提升了企业内部控制的质量,还增强了企业在复杂市场环境中的应变能力和管理水平。

(四)预算控制中的绩效评价与反馈

绩效评价与反馈是预算控制体系中不可或缺的部分,直接影响预算控制的持续改进和优化。在预算控制过程中,企业应建立科学的绩效评价机制,通过对预算执行结果的分析和评估,识别出执行过程中的成功经验和存在的问题。绩效评价应综合考虑财务指标和非财务指标,全面反映预算执行对企业整体战略目标的贡献。反馈机制则确保绩效评价结果能够及时传达到各相关部门和管理层,为下一步的预算编制和执行提供依据。反馈还应注重对执行偏差的分析和纠正,推动各部门在预算执行过程中不断改进。通过持续的绩效评价与反馈,企业能够在预算控制中形成闭环管理,不断提升预算控制的精准度和执行力,从而推动企业实现更高的管理水平和业务绩效。

四、预算调整的内部控制

预算调整的内部控制通过明确的流程和授权机制,确保预算变更的合理性和透明度。设立明确的预算调整申请流程,任何预算变更需由相关部门提出申请并提供充分的理由和支持数据。预算调整应经过多层级的审批程序,包括财务部门和高级管理层的审查,以防止随意调整和资源误用。定期对预算调整情况进行审计和评估,确保调整符合组织的战略目标和财务规范。通过严格的内部控制措施,预算调整能够更好地反映实际需求,维持财务管理的稳定性和灵活性。

(一) 预算调整的触发机制设定

预算调整的触发机制设定是预算管理中确保灵活性和适应性的关键部分。在实际运营中，企业会遇到诸如市场环境变化、战略调整、新的法律法规实施或内部管理需要等多种情况，这些情况使得原有预算不再适用。企业需要设定明确的预算调整触发机制，当触发条件满足时，启动预算调整程序。这一机制应涵盖外部因素如经济波动、市场需求变化，以及内部因素如重大投资决策、新项目启动或组织结构调整等。触发机制的设定确保预算调整具有前瞻性和及时性，避免因为外部环境的变化或内部决策的调整而导致预算执行脱节，从而保障企业的财务管理和战略目标始终处于受控状态。

(二) 预算调整申请的审核流程

预算调整申请的审核流程是确保预算调整过程规范有序、透明公正的重要环节。在触发机制启动后，相关部门需要根据实际情况提出预算调整申请，详细说明调整的原因、调整的项目和金额，并提供必要的数据支持和分析。审核流程应包括多层次的审查，首先由财务部门对申请的合理性和可行性进行初步审查，接着由相关业务部门确认调整的业务需求和预算目标的符合性，最后提交管理层进行综合评估。这一审核流程确保每项预算调整申请都能经过严密的审查和评估，防止因调整不当而导致资源浪费或战略偏离。

(三) 预算调整的审批权限与程序

预算调整的审批权限与程序是预算调整的关键控制点，直接影响调整后的预算执行效果。企业应根据调整事项的重大程度和影响范围，设定相应的审批权限，确保每一级审批都由具有决策能力和责任心的管理者来执行。对于一般性的小幅度调整，审批权限可以授予中层管理人员；而对于涉及重大财务决策或战略调整的预算变更，审批权限则应集中在高层管理团队或董事会。审批程序应严格按照企业的内部控制制度执行，确保每一项调整都经过充分讨论和批准，避免因审批不严导致的不合理预算调整。

第三节 预算执行中的风险与控制措施

一、预算执行中的常见风险

预算执行中的常见风险主要包括超支风险，即实际支出超出预算计划，可能导致资金不足和财务压力。其次是预算挪用风险，指资金被用于非预算批准的项目或用途，造成资金使用不当。还有预算执行进度偏差的风险，即预算项目未能按计划时间完成，影响组织整体运营。再者是信息不准确风险，预算执行数据不准确或不及时，影响决策质量。

（一）预算超支风险

预算超支风险是企业在预算执行过程中经常遇到的挑战，直接影响企业的财务稳定性和资源配置效率。预算超支通常由多个因素引起，如未预见的成本增加、项目管理不善或市场价格波动等。未能有效控制预算超支导致企业出现资金短缺，从而影响其他业务活动的正常进行。识别并控制预算超支风险是预算管理的核心任务之一。企业应通过严格的预算控制措施，如设定支出限额、强化审批流程和加强实时监控，来预防和应对预算超支风险。管理层应保持对预算执行情况的高度关注，及时发现和纠正导致预算超支的因素，从而确保企业在财务上保持稳健。具体预算超支风险的成因及控制措施如表4-3所示。

表4-3 预算超支风险的成因及控制措施

序号	风险成因	具体描述	控制措施
1	未预见的成本增加	突然出现的费用增加，如原材料价格上涨	设定支出限额，建立应急预算应对意外成本
2	项目管理不善	项目规划和执行不力，导致超出原定预算	强化项目管理培训，设定严格的项目审批和监控流程
3	市场价格波动	原材料或服务价格的不可控波动	进行市场预测分析，签订长期合同锁定价格

续表

序号	风险成因	具体描述	控制措施
4	缺乏实时监控	对预算执行情况的监控不足,未及时发现超支趋势	加强实时监控系统,定期审查预算执行情况
5	审批流程不严谨	支出审批不严格,导致非必要的支出	强化审批流程,设定多层级审批制度,严格控制支出权限
6	管理层关注不足	管理层未充分参与预算执行的监督和决策	管理层定期审查预算执行报告,参与关键预算决策和调整

（二）预算执行偏差风险

预算执行偏差风险是指实际支出或收入与预算目标之间出现的差异,这种风险由内外部多种因素引起,如执行不力、市场变化或管理决策失误等。预算执行偏差不仅影响企业的财务表现,还导致企业无法实现其战略目标。在预算管理中,偏差风险是一个普遍存在且难以完全避免的现象,企业需要建立有效的偏差分析和管理机制,通过定期评估实际执行情况与预算的对比,及时识别偏差的原因。识别偏差后,企业应迅速采取纠正措施,调整预算或运营策略,以确保预算的执行与企业的总体战略方向一致。通过有效管理预算执行偏差风险,企业能够提高预算管理的精确性和可靠性。

（三）资金流动性风险

资金流动性风险是预算执行中常见且严重的风险,特别是在资金管理不善或外部环境变化时容易显现。资金流动性不足会导致企业无法按时支付供应商、员工工资或其他运营费用,从而陷入财务困境。企业必须在预算执行过程中保持对现金流的高度关注,确保在任何时候都有足够的资金用于日常运营和突发事件应对。企业应制定详细的资金预算和流动性管理计划,定期监控现金流状况,预防导致流动性危机的因素。

（四）外部环境变化风险

外部环境变化风险是指企业在预算执行过程中,受到外部经济、政策、市场等环境因素变化的影响,从而导致预算目标难以实现。这种风险是预算管理中不可控制但必须考虑的因素。例如经济衰退导致销售收入下降，市场竞争加剧导致成本增加，政府政策变化引发新的税收或合规要求。这些变化都会对预算执行产生重大影响，使原有预算计划不再适用。为应对外部环境变化风险，企业应在预算编制和执行过程中保持一定的灵活性，建立快速响应机制，随时调整预算和运营策略。企业还应通过持续监测外部环境和市场趋势，提前识别影响预算执行的因素，并制定相应的应对预案。

二、预算执行中的风险识别

预算执行中的风险识别是通过系统的分析和监控，找出可能影响预算执行效果的潜在问题。识别超支风险，关注各项目支出是否超出预算标准。识别资金挪用风险，检查资金是否被用于未经批准的用途。识别执行进度偏差风险，确保各预算项目按时推进。识别信息准确性风险，核实预算执行数据的准确性和完整性，识别监督薄弱的风险，评估预算执行过程中的监控和审计力度。通过全面的风险识别，组织可以提前采取防范措施，确保预算执行的有效性和合规性。

（一）定期财务审查与分析

定期财务审查与分析是预算执行中风险识别的重要手段，旨在确保企业财务活动符合预算计划，并及时发现潜在的财务风险[1]。通过定期的财务审查，企业可以详细检查实际支出与收入情况，识别与预算目标之间的差异，并分析这些差异的根本原因。财务审查不仅限于核对账目，还应结合业务实际情况，深入分析财务数据背后的运营动态。例如某些支出的异常增长预示着潜在的预算超支风险，而收入的下降则反映出市场需求的变化。通过定期的财务审查与分析，企业能够保持对财务状况的清晰了解，及时发现并应对预算执行中的风险，从而避免出现严重的财务问题，确保预算执行的顺利进行。

（二）关键绩效指标监控

关键绩效指标（KPI）的监控是预算执行中风险识别的核心工具之一。KPI

---

[1] 魏桂艳. 内部控制视角下行政事业单位财务管理研究［J］. 中国科技投资，2023（6）：46-48.

为企业提供了衡量预算执行效果的量化标准，涵盖了财务和非财务方面的多个维度，如成本控制、收入增长、利润率等。在预算执行过程中，企业应设立和监控与预算目标密切相关的 KPI，实时评估其表现是否符合预期。通过对 KPI 的持续监控，企业可以快速识别出偏离预算目标的行为或趋势，并分析其背后的原因。例如如果某个成本项目的 KPI 出现异常增长，企业应立即检查相关支出是否合理，并采取措施控制成本。KPI 的有效监控不仅能够及时揭示预算执行中的问题，还能为管理层提供准确的决策支持，帮助企业及时调整预算或运营策略，确保整体预算管理的有效性。

（三）内部审计与现场检查

内部审计与现场检查是预算执行中识别和防范风险的重要措施。内部审计部门通过独立、客观的审计活动，定期检查预算执行情况，评估各项财务活动的合规性和有效性。审计过程中，审计人员深入分析各项支出、收入的合理性，并核查是否存在违规操作或舞弊行为。现场检查则是对预算执行中的具体环节进行实地评估，了解业务部门在执行预算时的实际情况。通过内部审计与现场检查，企业能够识别出预算执行中的潜在风险，如预算超支、资金使用不当等问题，并及时采取纠正措施。内部审计与现场检查相结合，不仅提高了预算执行的透明度，还增强了企业对预算风险的把控能力，确保预算执行的严谨性和规范性。

三、预算执行中的控制措施

预算执行中的控制措施包括设立严格的审批流程，确保所有支出符合预算标准并经过多层级审核；建立定期的预算监控和报告机制，及时跟踪实际支出与预算的差异；通过信息系统实时监控支出数据，识别潜在的超支和挪用行为；设置反馈和纠正机制，根据监控结果及时调整预算执行策略。定期进行内部审计和评估，确保预算执行过程的透明性和合规性，从而有效防范预算执行中的各种风险。

（一）预算执行过程中的审批流程

预算执行过程中的审批流程是确保预算严格按照计划执行的重要手段。通过设立科学合理的审批流程,企业可以有效控制各项支出和资金流向,防止预算超支和资源浪费。审批流程通常包括多级审核和权限管理,从初级管理人员的审批到高层管理者的最终批准,每一层级的审批都应有明确的标准和程序。这种多层次的审批机制能够确保预算执行中的每一笔支出都经过严格审查,避免未经授权的开支和不合理的预算调整。企业还应利用信息化手段,将审批流程数字化,以提高审批效率和透明度,减少人为错误的发生。

(二) 预算偏差的纠正与调整机制

预算偏差的纠正与调整机制是预算执行中应对实际情况变化的关键控制措施。在预算执行过程中,由于内外部环境的变化,实际支出和收入与预算目标产生偏差。这种情况下,企业需要及时识别偏差,并通过有效的纠正与调整机制将预算执行引回正轨。纠正与调整机制包括定期的预算执行评估、偏差原因分析以及制定相应的调整计划。企业应建立快速响应机制,一旦发现偏差,相关部门能够迅速行动,调整预算分配或支出计划,以避免偏差扩大化。管理层应定期审查调整措施的执行效果,确保纠正措施能够切实解决问题,保障预算执行的严谨性和连续性。

(三) 实时监控与反馈系统

实时监控与反馈系统是预算执行过程中确保预算目标达成的动态控制措施。通过建立实时监控系统,企业能够持续跟踪预算执行的进展情况,对资金流向、支出情况和收入变化进行实时分析。实时监控系统不仅能够及时发现预算执行中的异常情况,还能提供即时数据支持,帮助管理层做出迅速反应。反馈系统则确保监控结果能够及时传达给各级管理人员和相关部门,为调整预算执行策略提供依据。企业应利用先进的技术手段,如数据分析工具和信息管理系统,将实时监控和反馈机制嵌入日常管理流程中,以提高数据的准确性和决策的及时性。通过实施实时监控与反馈系统,企业能够增强预算执行的透明度和可控性,确保各项预算指标能够按照计划稳步推进,从而提升整体预算管理的效率和效果。

四、预算执行中控制措施的有效性评估

预算执行中控制措施的有效性评估是确保预算管理目标实现的关键步骤。评估首先通过定期对比实际支出与预算目标,识别是否存在显著偏差和异常情况。其次,审查审批流程和监控机制的执行情况,确保控制措施严格落实。评估还需考虑信息系统的可靠性和及时性,判断是否能够支持实时监控和数据分析。通过内部审计和外部评估,对控制措施的全面性、覆盖度和灵活性进行审查,确保其适应不断变化的业务环境。有效性评估能够帮助组织优化控制措施,提升预算管理的整体效率和准确性。

(一)控制措施的定期审查与更新

控制措施的定期审查与更新是确保预算执行过程中的控制措施始终保持有效性的关键步骤。随着企业内部环境和外部市场的变化,原有的控制措施会失去其初衷的效用,甚至成为预算执行中的障碍。企业需要定期审查现有的控制措施,评估其在预算执行过程中的实际效果。通过定期审查,企业能够识别出那些已经过时或不再适用的控制措施,并及时进行更新或替换,以适应新的业务需求和管理目标。审查过程应包括对控制措施的执行情况进行详细的记录和分析,并结合员工反馈和管理层意见,确保更新后的控制措施更加科学合理。

(二)预算执行结果与目标的对比分析

预算执行结果与目标的对比分析是评估控制措施有效性的直接手段。通过将实际预算执行结果与预定的预算目标进行对比,企业可以清晰地看到预算控制措施的成效。对比分析应包括对各项财务指标的深入分析,如收入、成本、利润率等,以评估预算执行的整体绩效。如果发现实际执行结果与预算目标存在显著差异,企业需要进一步分析偏差的原因,并确定是否是由于控制措施的缺陷所导致。对比分析不仅帮助企业了解预算执行的实际效果,还能为后续的预算编制和控制措施调整提供数据支持和参考依据。

（三）内部和外部审计的评估报告

内部和外部审计的评估报告是对预算执行控制措施进行独立和客观评估的重要环节。内部审计部门通过对预算执行过程的全面检查，评估各项控制措施的执行效果和合规性，确保预算管理符合企业的内部政策和管理标准。外部审计则提供了第三方视角，对预算执行中的控制措施进行独立评估，确保其符合行业标准和法律法规。审计报告不仅揭示了预算执行过程中存在的问题和风险，还提供了改善和加强控制措施的具体建议。通过内外部审计的结合，企业可以获得更加全面和客观的评估结果，确保预算执行的各项控制措施在不同层面上都能有效发挥作用。审计评估报告为企业的管理层提供了决策依据，有助于提高预算管理的透明度和问责性，推动企业实现更高的管理标准。

第四节　预算管理与绩效考核的结合

一、预算与绩效的关系

预算与绩效之间具有紧密的关系。预算为组织的资源分配和目标设定提供了基础，明确了各部门的支出限额和优先事项，是绩效管理的重要工具。通过制定合理的预算，组织可以设定明确的绩效目标，确保资源的最优配置。绩效评估则通过比较实际结果与预算目标的差异，衡量各部门的执行效率和效果。良好的预算管理可以促进资源的有效使用，提高工作效率，达成预期的经营成果。

（一）预算目标与绩效目标的对齐

预算目标与绩效目标的对齐是企业确保资源配置与战略方向一致的关键步骤。预算目标的设定必须充分考虑企业的整体绩效目标，确保各部门的预算能够支持其绩效要求。这种对齐过程意味着企业在制定预算时，需要将资源分配与绩效指标紧密结合，以确保每一笔预算支出都能够为实现企业的核心目标服务。通过对预算目标与绩效目标的协调，企业不仅能够优化资源使用，还能够提高整体管理的效率和效果。有效的预算与绩效对齐能够使各部门在追求绩效的过程中明确其职责和贡献，为企业的长期战略目标提供有力支撑。

（二）预算执行对绩效实现的影响

预算执行对绩效实现有着直接而深远的影响。有效的预算执行能够确保各部门按照既定的计划和目标推进业务活动，从而实现预期的绩效结果。如果预算执行过程中出现偏差，例如支出超出预算或资源配置不合理，则导致绩效目标无法实现。企业必须通过严格的预算执行控制，确保资源得到合理使用，避免因资金短缺或使用不当而影响业务发展。预算执行过程中的反馈和调整也是关键，管理层应及时识别预算执行中的问题，采取必要的措施进行纠正，以确保绩效目标的实现不受影响。良好的预算执行能够为企业的绩效提升提供坚实保障，确保各项业务活动都能顺利推进并达到预期效果。

（三）绩效反馈对预算调整的指导

绩效反馈在预算调整中起着重要的指导作用，通过绩效反馈，企业能够识别预算编制和执行中的不足之处，并据此进行调整和优化。绩效反馈的作用在于将实际业务结果与预算目标进行对比，找出预算计划中的偏差和漏洞，从而为下一轮预算编制提供依据。例如某个部门的绩效未能达到预期，企业需要分析其预算执行情况，找出是否由于资源分配不当或预算编制不合理导致的，并在下一轮预算编制中进行调整。通过这种持续的反馈和改进，企业能够不断优化预算管理流程，确保资源配置更加精准，有效地支持绩效目标的实现。

二、绩效导向的预算管理

绩效导向的预算管理是一种以提高组织绩效为核心目标的预算管理方法。它通过将预算与具体的绩效目标和指标相结合，确保资源的分配和使用直接支持组织的战略目标。预算编制过程中，设定明确的绩效指标，预算执行时，关注资金的实际使用效果。通过定期评估实际绩效与预算目标的差异，识别改进机会，优化资源配置。绩效导向的预算管理能够提高资金使用效率,增强管理的透明度和责任感,确保组织在实现战略目标的过程中,达到最佳的运营效果和财务成果。

(一) 绩效目标设定与预算编制的结合

绩效导向的预算管理强调在预算编制过程中将绩效目标作为核心依据,将企业的战略目标和运营计划紧密结合起来。通过将绩效目标融入预算编制,企业可以确保资源的分配与绩效要求高度一致,使每一笔预算支出都直接支持企业的关键绩效指标。在这一过程中,管理层需明确企业的整体战略方向,并细化到各部门的具体绩效目标,随后将这些目标转化为具体的预算项目。绩效目标与预算编制的结合,使得预算不仅仅是财务计划的体现,更是企业战略执行的重要工具。

(二) 资源分配的绩效导向原则

在绩效导向的预算管理中资源分配必须严格遵循绩效导向原则。资源分配的核心在于确保企业的资金、人力和其他资源能够集中支持那些对绩效提升最有影响的业务领域和项目。这意味着企业在分配预算时,应优先考虑那些能够带来显著绩效改进的部门或活动,从而最大化资源的使用效率。管理层在制定预算时,需要基于各部门的绩效目标和历史表现,评估其对整体企业绩效的贡献度,进而决定资源的优先级。通过这种方式,企业可以避免资源的无效配置,确保每一项投入都能产生最大的回报。

(三) 绩效考核结果对预算分配的影响

绩效考核结果对预算分配的影响体现了绩效导向预算管理的反馈机制。通过将绩效考核结果与预算分配直接挂钩,企业能够实现一种动态的预算管理模式。绩效考核结果不仅是评估各部门工作表现的依据,更是下一轮预算编制的重要参考。表现优秀的部门在下一个预算周期中获得更多资源支持,以鼓励其继续保持或提高绩效;而绩效不佳的部门则面临资源削减,并被要求制定改进计划。这种基于绩效考核的预算分配机制,不仅能够激励各部门提高工作效率,还能促使管理层对资源配置进行持续优化,以确保资金和其他资源始终流向对企业绩效贡献最大的领域。

三、绩效考核中的内部控制

绩效考核中的内部控制通过建立健全的制度和程序，确保绩效评估过程的公平性、客观性和有效性。设立明确的绩效指标和考核标准，使考核过程透明和可量化。通过职责分离和多层级审查，防止评估中的舞弊和偏袒行为，确保考核结果的公正性。引入反馈机制，使员工可以提出异议和建议，进一步完善考核制度。信息系统的使用则保障了考核数据的准确性和及时性。

（一）绩效考核标准的制定与监督

绩效考核标准的制定与监督是确保绩效考核过程公正、客观的重要步骤。合理的绩效考核标准应基于企业的战略目标和具体业务需求，既要明确各部门和员工的工作目标，也要量化绩效指标，以便于评估[①]。在制定绩效考核标准时，企业应综合考虑各项业务的实际情况，确保标准既具有挑战性，又能实现公平合理。为避免主观偏见和不公正，绩效考核标准的制定过程应充分考虑各方意见，并由高层管理者最终审核和确认。制定好标准后，企业还需建立完善的监督机制，确保绩效考核过程严格按照既定标准进行，杜绝人为干预和偏袒现象。

（二）绩效数据的准确性与透明度控制

绩效数据的准确性与透明度控制是绩效考核内部控制的核心要素，因为数据的质量直接影响绩效考核的结果和管理决策的科学性。为了保证绩效数据的准确性，企业应建立系统化的数据采集和处理流程，确保所有数据来源的可靠性和真实性。在数据采集过程中，应避免人为干扰，使用客观的测量工具和方法。数据的透明度也至关重要，企业应确保绩效考核数据在各部门之间的共享和公开，以促进信息的对称性和考核过程的透明性。透明的绩效数据不仅有助于各部门了解自身的表现，也能促进跨部门合作，提升整体的工作效率。

[①] 钦垚飞，蔡梦娜. 内部控制视角下地质调查事业单位财务管理研究［J］. 中国科技投资，2023(28)：41-43.

（三）绩效考核流程的合规性审查

绩效考核流程的合规性审查是确保绩效考核合法性和规范性的关键环节。企业在设计和实施绩效考核流程时，必须遵循相关的法律法规和内部政策，确保整个考核过程符合公司治理的要求。合规性审查的重点在于评估绩效考核流程的设计是否合理，执行是否规范，是否存在违反法律法规或公司规定的行为。例如企业应检查绩效考核中的指标设定、数据采集、结果评估等环节是否符合既定的标准和程序，是否存在歧视、偏见或其他不公平行为。定期的合规性审查可以帮助企业及时发现和纠正考核流程中的问题，防止因违规操作导致的法律风险和声誉损失。

四、绩效管理对预算执行的促进

绩效管理通过设定明确的目标和评估标准，促进了预算执行的有效性和效率。通过将预算执行与绩效考核相结合，组织能够确保资金的使用直接支持业务目标和战略方向。绩效管理要求各部门在预算执行过程中达到设定的绩效指标，从而激励部门优化资源配置、控制成本和提高运营效率。定期的绩效评估能够及时发现预算执行中的偏差，促使管理层采取纠正措施，确保预算目标的实现。

（一）绩效激励对预算执行的推动作用

绩效激励对预算执行具有重要的推动作用，它能够激发员工和管理层的积极性，确保各项预算目标的实现。通过设立明确的绩效激励机制，企业可以将员工的个人目标与公司的预算目标紧密结合，激励员工在预算执行过程中保持高效的工作态度和积极的行动力。绩效激励机制通常包括奖金、升职机会和其他形式的奖励，这些激励措施可以直接促使员工在预算执行中尽最大努力完成既定的任务和目标。与此管理层在制定和执行预算时，也会更加注重绩效指标的达成，从而在整个预算执行过程中提升整体的工作效率。通过绩效激励的有效实施，企业不仅能够确保预算执行的顺利推进，还能在整个组织内部营造出一种积极进取的文化氛围，进一步推动企业的持续发展。

（二）绩效管理对预算偏差的纠正机制

绩效管理在预算执行中的另一个重要作用是通过有效的纠正机制，及时调整预算偏差，确保预算目标的实现。在预算执行过程中，由于市场环境、内部管理或其他不可控因素，实际结果往往会与预算目标产生偏差。通过绩效管理，企业可以定期监控和评估这些偏差，并迅速采取纠正措施。绩效管理为企业提供了一个系统化的反馈机制，通过对绩效结果的分析，管理层可以及时发现预算执行中的问题，找出导致偏差的根本原因，并调整预算或重新分配资源。这种纠正机制不仅能够减少预算执行中的浪费和误差，还能确保企业在动态环境下保持对预算目标的掌控力。通过及时有效的纠正措施，绩效管理能够显著提高预算执行的精准性和有效性，最终确保企业战略目标的实现。

（三）绩效评估对预算执行效果的提升

绩效评估是提升预算执行效果的重要工具，通过定期的绩效评估，企业能够全面了解预算执行的实际效果，并根据评估结果进行必要的调整和优化。绩效评估不仅关注财务指标的达成情况，还包括对运营效率、资源利用率和市场表现等多方面的分析。这些评估结果为管理层提供了关键的决策依据，使其能够更好地理解预算执行过程中的优劣势，进而优化资源配置和预算策略。通过绩效评估，企业能够识别出预算执行中的成功经验和失败教训，从而在未来的预算编制和执行中进行改进。绩效评估还能够促进企业内部的透明度和问责机制，确保各部门在预算执行中保持高水平的绩效。最终，绩效评估的结果不仅提升了预算执行的效果，还为企业的长期发展提供了稳固的基础。

（四）预算执行中的绩效提升策略

在预算执行过程中绩效管理的最终目标是通过实施一系列的绩效提升策略，确保企业能够实现预算目标并超越预期。企业应通过设立明确的绩效目标，将这些目标细化到各部门和个人的工作计划中，确保每一个预算项目都有明确的责任人和具体的绩效要求。企业需要建立持续的绩效监控系统，实时跟踪各项预算指标的达成情况，并及时调整工作策略，以应对实际情况的变化。企业应通过定期的绩效反馈和评估，鼓励员工不断提升工作效率和质量，推动预算执行的全面优化。这些绩效提升策略不仅能够确保企业在预算执行过程中保持高效运营，还能激励员工在日常工作中不断追求卓越，从而实现企业的长期绩效目标和可持续发展。

第五章 事业单位资金管理与内部控制

第一节 资金管理的基本内容

一、资金的筹集

资金的筹集是组织财务管理的重要环节，指通过各种渠道获取所需资金以支持日常运营和战略发展的过程。筹集资金的方式多样，包括内部筹资如自有资金和留存收益，以及外部筹资如银行贷款、发行债券和股票。选择合适的资金筹集方式需要综合考虑成本、风险和资金的使用期限。有效的资金筹集可以确保组织在维持财务稳定的有足够的资本投入业务扩展和项目投资。合理筹集资金不仅优化了资本结构，还能降低融资成本，提高组织的财务灵活性和抗风险能力。

（一）资金筹集的渠道选择

资金筹集的渠道选择是企业在资本运营中必须慎重考虑的战略决策，它直接关系到企业的财务稳定性和长期发展能力。企业可以通过多种渠道来筹集资金，包括股权融资、债务融资、内部融资以及其他金融工具的使用。股权融资是通过发行股票来筹集资金，这种方式可以降低企业的债务负担，但同时也会稀释现有股东的权益。债务融资则是通过借款来获得资金，虽然不会稀释股东权益，但会增加企业的财务压力，因为债务需要按时偿还并支付利息。内部融资主要依靠企业自身积累的资金，如留存收益等，虽然成本较低，但会限制企业的资金规模和扩展速度。其他渠道如资产证券化、融资租赁等，也为企业提供了多样化的选择，但这些方式往往复杂且涉及较高的管理要求。企业在选择资金筹集渠道时，必须综合考虑自身的财务状况、市场环境以及未来的发展规划，以选择最适合的融资方式。具体资金筹集渠道选择如图5-1所示。

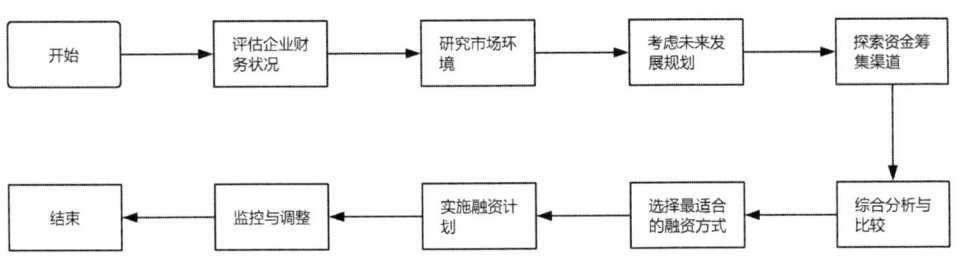

图 5-1 资金筹集渠道选择

(二) 资金筹集的成本与风险评估

资金筹集的成本与风险评估是企业在决定融资方式时必须深入分析的核心因素。每种资金筹集渠道都有其相应的成本和风险，企业需要在这两者之间找到最佳平衡点。股权融资虽然可以降低企业的财务杠杆，但其隐性成本较高，因为发行新股导致股价下跌并稀释原有股东的收益。债务融资的成本主要体现在利息支付上，这种方式增加企业的负债率，影响财务健康状况，并且在经济不景气时，加剧企业的偿债风险。企业在选择债务融资时，必须评估其未来的现金流是否能够稳定覆盖利息和本金的支付。内部融资成本虽然较低，但限制企业的资金可用性和业务扩展能力，尤其是在需要大规模投资的情况下。

(三) 短期与长期资金筹集策略

短期与长期资金筹集策略是企业资金管理的重要组成部分，它们的选择关系到企业的财务灵活性和长期可持续发展。短期资金通常用于满足企业日常运营中的流动资金需求，如支付供应商款项、员工工资等。短期融资方式包括商业票据、银行短期贷款、应收账款融资等，这些方式的优点是可以迅速获得资金，满足企业的紧急需求，但往往伴随较高的利息成本和较短的偿还期限。

企业在使用短期融资时必须确保其现金流能够支持按期还款。长期资金则主要用于支持企业的长期投资和战略发展，如设备购置、技术研发和市场扩展等。长期融资方式包括发行公司债券、长期贷款、资本性租赁等，这些方式可以为企业提供稳定的资金来源，但也增加企业的债务负担。企业在制定短期与长期资金筹集策略时，应根据自身的发展阶段、资金需求的性质和市场环境等因素，合理配置短期和长期资金，以在保持资金流动性的同时支持企业的长期战略目标。具体短期与长期资金筹集策略的特点及适用情况如表5-1所示。

表5-1 短期与长期资金筹集策略的特点及适用情况

序号	筹集策略	特点	适用情况	注意事项
1	短期资金	快速获得资金，适用于短期流动资金需求	日常运营、支付供应商款项、员工工资等	需关注利息成本高、偿还期限短的风险
2	长期资金	提供稳定资金来源，支持长期投资与发展	设备购置、技术研发、市场扩展	增加企业债务负担，需评估长期偿债能力
3	商业票据	通过发行短期票据快速筹集资金	适用于紧急资金需求	利率较高，需确保到期有足够现金流偿还
4	银行短期贷款	通过银行获得短期资金	满足短期运营和周转需求	需与银行保持良好关系，利率和贷款条件需商议
5	公司债券	发行债券筹集长期资金，支持大规模投资	适用于大额资本支出和长期项目	需考虑债券市场状况和企业信用评级
6	资本性租赁	通过长期租赁获得资产使用权	设备使用、厂房租赁等	注意租赁成本和合同条款，长期租赁增加负债

（四）融资结构的优化与调整

融资结构的优化与调整是企业实现资本效率最大化和财务健康的重要手段。一个合理的融资结构不仅能够满足企业的资金需求，还能降低融资成本，优化资本结构，增强企业的市场竞争力。企业应根据其经营环境和战略目标，定期评估现有的融资结构，并进行必要的调整。例如在经济上升期，企业更倾向于增加债务融资，以利用财务杠杆扩大业务规模；而在经济不确定时期，则通过减少债务、增加股权融资来降低财务风险。融资结构的调整还应考虑企业的行业特点、市场状况和内部治理结构，以确保融资方式的多样性和灵活性。企业还应重视融资结构对财务比率的影响，如资产负债率、利息覆盖率等，以保持良好的财务健康状况。通过持续优化和调整融资结构，企业能够提高资金利用效率，增强抗风险能力，确保在不同经济周期中都能保持稳健运营。

二、资金的使用

资金的使用是指组织在筹集资金后，如何有效分配和运用这些资金以支持运营、投资和其他战略活动的过程。合理的资金使用要求精确的预算管理和严格的审批程序，以确保资金流向与组织的目标一致。资金应优先用于高效益项目、核心业务的运营和必要的资本投资，以提升生产力和竞争力。保持适当的流动资金以应对突发状况，确保日常运营的稳定。通过有效的资金使用，组织可以最大化投资回报，提升资源配置效率，实现可持续的财务健康和增长。

（一）资金使用的优先级设定

资金使用的优先级设定是企业在资源有限的情况下实现最大化效益的关键策略。在资金分配过程中，企业必须根据其战略目标和运营需求，明确资金的优先使用顺序。优先级设定的核心在于确保企业最重要的项目和活动能够获得足够的资金支持，从而推动整体业务的发展。企业通常会优先考虑那些对其核心业务或长期战略具有重大影响的项目，如技术创新、新市场开拓或核心资产的维护。这些项目的成功与否直接关系到企业的竞争力和市场地位，因此必须确保其资金需求得到优先满足。企业需要兼顾短期的现金流管理和日常运营，这包括支付供应商、员工薪资和其他日常费用。这些支出虽然看似日常，但对于维持企业的正常运作至关重要。

（二）项目投资的资金分配

项目投资的资金分配是企业实现增长和创新的驱动力，也是资金使用中的一个重要环节。企业在决定项目投资时，必须对各类项目的潜在回报和风险进行深入分析，以确保资金能够产生最大的投资回报率。企业应根据战略目标和市场需求，确定哪些项目具有优先投资价值。这些项目包括新产品开发、市场扩展或技术升级等，都是企业未来增长的关键驱动因素。在资金分配过程中，企业应考虑项目的规模、周期和预期收益，确保资金分配的合理性和有效性。企业还需保持一定的资金灵活性，以便在项目执行过程中应对不可预见的变化，如市场环境的波动或技术开发中的障碍。

（三）运营资金的日常管理

运营资金的日常管理是企业确保业务连续性和稳定性的重要保障。有效的运营资金管理能够确保企业在日常运作中始终保持足够的现金流，以应对各种日常支出和突发情况。企业在管理运营资金时，首先需要对日常资金需求进行准确预测，并保持一定的资金储备，以应对的流动性压力。这包括支付员工工资、采购原材料、支付租金和其他日常运营费用。与此企业还需定期监控资金流动情况，通过优化应收账款和应付账款的管理，加快资金周转速度，提高资金使用效率。现金流管理中的一个关键点是确保企业在任何时候都能维持正现金流，从而避免因资金短缺导致的运营中断或财务困境。

三、资金的调度

资金的调度是指在日常运营中，根据资金需求变化合理安排资金流动，确保组织财务流动性和稳定性的管理过程。资金调度需要考虑各项收支的时间安排，通过现金流预测，制定调度计划，确保各项支出有充足的资金支持。调度过程中，应优化资金在各账户间的配置，避免资金闲置或短缺。有效的资金调度可以通过短期融资、应收账款管理和存货控制来增强资金的灵活性。资金调度的目标是实现资金的高效利用，减少财务成本，提高组织的运营效率和应对突发情况的能力。

（一）资金调度的计划与执行

资金调度的计划与执行是企业确保财务稳定性和运营效率的关键步骤。有效的资金调度能够帮助企业在不同时期合理分配资金，确保各项业务活动的顺利开展。资金调度的计划首先需要全面分析企业的资金需求，涵盖短期运营资金、项目投资资金以及突发事件所需的应急资金等方面。

企业应根据不同时间节点和业务重点，制定详细的资金调度计划，确保资金在必要时能够及时到位①。执行层面，企业需要建立严格的资金调度程序，确保计划的落实。这包括制定具体的资金调拨程序、明确相关部门的职责以及设定资

---

① 张云霄. 新政府会计制度下行政事业单位强化财务管理内部控制的路径研究 [J]. 品牌研究，2023 (33)：223-225.

金使用的优先级。企业还需在执行过程中保持对市场环境和内部运营状况的监控，及时调整资金调度计划，以应对不确定性。

(二) 资金调度中的风险控制

资金调度中的风险控制是确保企业资金安全和财务稳健的重要环节。在资金调度过程中，企业面临多种风险，包括流动性风险、信用风险和市场风险等。流动性风险是资金调度中最常见的风险，表现为企业在需要资金时无法及时获得足够的流动资金，从而影响日常运营或项目推进。为防范流动性风险，企业应建立合理的资金储备制度，并通过多元化融资渠道确保资金来源的稳定性。

信用风险则涉及企业在资金调度过程中遇到的交易对手违约问题，企业应通过严格的信用评估和合约管理，降低此类风险的发生概率。市场风险则源于外部经济环境的变化，如利率波动、汇率变动等，这些因素影响资金调度的成本和效益。企业需要密切关注市场动态，及时调整资金调度策略，以应对市场风险带来的不利影响。通过全面的风险控制措施，企业能够在资金调度过程中有效防范潜在风险，确保资金调度的安全性和可靠性。

(三) 跨部门资金调度的协调机制

跨部门资金调度的协调机制是企业在复杂业务环境中保持资金调度高效运作的必要条件。不同部门在运营过程中往往会有不同的资金需求，这些需求在时间上不一致，或者在金额和优先级上有所差异。建立跨部门协调机制，确保资金调度的顺利进行，显得尤为重要。企业应建立一个中央财务管理平台，集中管理和监控各部门的资金需求，确保资金调度的统一性和透明性。各部门之间应保持良好的沟通，及时反馈资金使用情况和未来的资金需求，以便财务部门可以提前做出调度计划，避免资金短缺或冗余。企业应设立定期的协调会议或沟通机制，让各部门在预算编制和资金调度过程中能够达成共识，确保资源的合理配置。通过完善的跨部门协调机制，企业可以在资金调度中实现资源的最佳配置，提升整体运营效率，减少资金调度中的冲突和误解。

四、资金的监控

（一）资金流动的实时监控系统

资金流动的实时监控系统是企业确保资金安全和提高财务管理效率的重要工具。通过实时监控系统，企业能够在第一时间掌握资金的流动情况，及时发现和处理异常资金动向，从而减少资金管理中的风险。实时监控系统的建立要求企业具备先进的信息技术基础，能够将各项资金流动数据进行集成和分析，确保管理层可以实时了解企业的财务状况。这种系统不仅可以监控资金的流入和流出，还能提供详细的资金使用记录，帮助企业优化资金调度和使用。实时监控系统还能够通过数据分析预测资金需求，为企业制定科学的资金管理计划提供依据。

（二）资金监控中的合规性审查

资金监控中的合规性审查是确保企业资金管理合法性和合规性的关键环节。合规性审查旨在保证企业的资金使用符合相关法律法规、行业标准和内部管理制度，防止出现违规操作和财务风险。在资金监控过程中，合规性审查需要覆盖资金的整个流动过程，包括资金的来源、使用和最终去向。企业应建立严格的合规性审查机制，定期检查资金管理中的各项操作是否符合法律和规章制度。例如在支付供应商款项或进行投资时，企业必须确保所有交易均经过合法授权，并符合财务政策。合规性审查还应包括对资金用途的合理性评估，确保企业资金的使用与其经营目标和财务规划一致。

（三）资金流向与用途的定期审核

资金流向与用途的定期审核是资金监控的重要组成部分，旨在确保企业资金使用的效率和合理性。定期审核有助于企业识别资金管理中的潜在问题，并及时调整资金策略，以适应不断变化的市场环境。资金流向与用途的审核通常包括对各项资金支出的审核，确保每一笔资金都按计划和预算使用，并对其实际效果进行评估。企业应建立定期的审核机制，涵盖月度、季度或年度的资金流动情况，并将审核结果反馈给管理层和相关部门，以便采取必要的改进措施。资金流向与用途的审核还应重点关注大额资金使用和高风险领域的资金流动，确保这些关键环节的资金使用透明、安全。

第二节 资金管理中的内部控制要点

一、资金筹集的内部控制

资金筹集的内部控制旨在确保筹资活动的合法性、合规性和有效性，从而防范筹资过程中的风险。应建立清晰的筹资政策和程序，明确资金筹集的目标、渠道和方式。通过多层级审批制度，确保所有筹资决策经过审慎考虑和授权，防止未经批准的筹资行为。加强对资金来源的审查，确保合法合规，避免违法筹资和洗钱风险。筹集资金后，应进行定期审计和监督，确保资金的使用符合初衷，防止资金挪用和浪费。

（一）资金筹集渠道的风险评估

资金筹集渠道的风险评估是企业在资金筹集过程中确保财务安全和稳定的首要步骤。在选择资金筹集渠道时，企业面临多种选择，包括银行贷款、发行债券、股权融资等，每种渠道都伴随着不同的风险和回报。为确保资金筹集决策的科学性，企业必须对各个渠道的风险进行全面评估。这种评估不仅包括对利率、市场条件和经济环境的分析，还涉及对企业自身财务状况的审视。

企业需要考虑自身的债务承受能力、现金流状况以及未来的财务规划，以判断哪种资金筹集方式最为适宜。外部环境的变化，如政策调整、市场波动等，也对资金筹集渠道的选择产生重大影响。企业应建立一套全面的风险评估体系，定期审查和更新其资金筹集策略，以适应不断变化的市场环境和内部需求。通过这种严格的风险评估，企业能够在确保资金筹集顺利进行的同时有效降低潜在的财务风险，保障企业的长期财务健康。具体资金筹集渠道风险评估要素及考量点如表5-2所示。

表 5-2　资金筹集渠道风险评估要素及考量点

序号	评估要素	具体考量点	风险控制措施
1	利率水平	不同筹集渠道的利率高低，市场利率波动	选择利率较低且相对稳定的筹集渠道
2	市场条件	资金市场的供求关系、资金可获得性	根据市场行情调整筹集策略，选择有利时机筹资
3	经济环境	宏观经济政策、经济周期变化对筹资成本的影响	定期进行宏观经济分析，制定灵活的筹资计划
4	企业财务状况	企业的负债率、现金流情况、财务健康状况	根据企业的债务承受能力和现金流量选择筹资方式
5	筹资渠道多样性	银行贷款、债券发行、股权融资的多样化程度	选择多种渠道组合，以分散筹资风险
6	政策变化	政府政策的调整，如利率政策、税收优惠等	紧跟政策变化，及时调整筹资策略
7	市场波动	资本市场的波动性对筹资成本和条件的影响	设置风险预警机制，避免在市场波动剧烈时筹资
8	筹资灵活性	筹集资金的灵活性和迅速获取能力	选择能够快速响应紧急需求的筹资渠道
9	筹资成本	各种筹资渠道的直接和间接成本	全面评估筹资成本，选择成本效益比最高的渠道
10	长期财务规划	企业未来的投资计划和财务规划与筹资方式的匹配性	确保筹资方式与企业长期发展目标一致

（二）筹资决策的审批与授权流程

筹资决策的审批与授权流程是确保资金筹集过程合规性和透明度的重要环节。在资金筹集过程中，企业往往涉及大额资金的调动和长期财务承诺，因此必须通过严格的审批流程来控制决策风险。企业应明确筹资决策的各级审批权限，确保重大资金决策经过多层次的审核，包括财务部门的初步审核、风险管理部门的风险评估以及高级管理层的最终批准。这样的多层审核不仅能够有效防止单一决策者的主观判断失误，还能集思广益，从多角度评估筹资方案的可行性和风险性。授权流程的透明化和规范化也是至关重要的，企业应建立清晰的授权链条，明确各层级的决策责任和权限范围，以防止权限滥用或决策失误。通过严格的审批与授权流程，企业能够在筹资过程中保持高度的控制力，确保资金筹集的每一步都在可控范围内进行，从而为企业的稳健发展奠定坚实基础。

（三）筹资成本的监控与控制

筹资成本的监控与控制是企业资金管理中的重要内容，它直接关系到企业的财务成本和盈利能力。不同的资金筹集渠道往往伴随着不同的筹资成本，如银行贷款的利息费用、发行债券的承销费用和股权融资的股息分红等。企业在筹资过程中必须对各类成本进行严格监控，以避免不必要的支出和财务压力。企业应在筹资初期阶段就对各项成本进行详细预算，并在筹资过程中实时监控实际支出情况，确保筹资成本在预算范围内。企业还应对市场环境和利率变化保持高度敏感，及时调整筹资策略，以最小化筹资成本。例如在利率下降时，企业可以考虑通过债务置换降低融资成本，或者通过调整融资结构优化资本成本。通过有效的成本控制措施，企业不仅可以提高资金使用效率，还能增强自身在市场中的竞争力。筹资成本的控制也有助于企业维持健康的现金流和资产负债状况，为未来的投资和发展提供更大的财务灵活性。

（四）筹资合约的合规性审查

筹资合约的合规性审查是确保企业在资金筹集过程中合法合规的关键步骤。任何资金筹集活动都涉及到法律契约的签订，合规性审查对于防范法律风险和合同纠纷至关重要。在签订筹资合约之前，企业应进行全面的法律审查，确保合约条款符合相关法律法规和行业规范。企业应聘请专业的法律顾问对合约进行审查，重点关注合同条款的合法性、合规性以及是否存在潜在的法律漏洞或不公平条款。

企业还应确保合约的签订过程符合公司内部的合规流程，包括合同审批、签署权限和备案程序等。通过这些审查程序，企业可以有效降低因合同条款不明或法律理解偏差而带来的法律风险。企业还应定期审查已签订的合约，以应对发生的法律变更或政策调整，确保合约的持续有效性和法律适用性。通过严格的合规性审查，企业能够在资金筹集过程中保障自身权益，减少潜在的法律纠纷和财务损失，确保筹资活动的顺利进行。

二、资金使用的内部控制

（一）资金使用申请与审批流程

资金使用申请与审批流程是确保企业资金合理分配和有效使用的重要控制环节。为了防止资金使用中的浪费和滥用，企业必须建立严格的申请与审批流程，确保每一笔资金的使用都符合企业的战略目标和财务计划。资金使用的申请应由使用部门提出，详细说明资金的用途、金额、时间要求以及预期效果。申请部门必须提供充分的背景资料和数据支持，以证明资金使用的必要性和合理性。随后，申请需经过多层次的审核与审批，包括财务部门的初步审核、业务部门的可行性评估以及高层管理者的最终批准。通过这些步骤，企业能够确保每一笔资金的使用都是经过深思熟虑的决策，而不是冲动或随意的支出。审批流程的透明化和规范化也至关重要，企业应明确各级审批的权限和责任，防止因决策链条不清导致的审批延误或错误。

（二）资金使用的预算控制与执行监督

资金使用的预算控制与执行监督是保障企业财务健康和资源有效利用的关键措施。预算控制是资金使用的前提，企业在每一个财务年度开始前，必须制定详细的资金使用预算，涵盖所有预期的支出项目和资金分配计划。预算的制定应基于企业的战略目标和历史财务数据，确保资金的分配能够最大化地支持企业的发展需求。一旦预算确定，企业必须严格执行预算控制，防止超预算支出或无预算支出的发生。在资金实际使用过程中，执行监督则是确保预算执行不偏离计划的有效手段。

财务部门应对各部门的资金使用情况进行实时监控，定期审核实际支出与预算的差异，分析偏差原因并及时采取纠正措施。企业还应建立定期的财务报告制度，通过财务报表和资金流动分析，评估资金使用的效率和效果，确保资金始终在受控状态下运作。通过预算控制和执行监督的双重保障，企业能够避免资金使用中的盲目性和浪费，确保每一笔资金的使用都能带来预期的收益和效果。

（三）项目投资的资金分配与跟踪

项目投资的资金分配与跟踪是确保企业在重大投资项目中实现预期回报的核心控制环节。资金分配是项目投资管理的第一步，企业在决定投资某个项目时，必须进行详尽的可行性分析和财务评估，以确定投资的合理性和预期收益。资金分配方案应根据项目的规模、风险和战略重要性进行科学规划，确保资金能够按时到位并合理分配到各个关键环节。企业必须建立严密的资金跟踪机制，对项目的每一笔支出进行详细记录和审核。

资金跟踪不仅帮助企业监控资金的实际使用情况，还能及时发现和纠正资金使用中的问题，如资金挪用、超预算支出或投资收益不达标等。为了提高资金跟踪的效率，企业可以借助信息化管理系统，实时监控项目的资金流动，自动生成资金使用报告，并进行数据分析。企业应定期对项目资金使用情况进行评估，结合项目的实际进展和市场环境，适时调整资金分配策略，确保投资项目在整个生命周期内的资金需求得到满足。通过科学的资金分配与有效的跟踪管理，企业能够降低投资风险，提高资金使用效率，实现项目投资的最大化回报。

三、资金调度的内部控制

（一）资金调度计划的制定与审批

资金调度计划的制定与审批是资金调度内部控制的核心环节。制定一个科学合理的资金调度计划，能够确保企业在日常运营和项目推进中，始终保持充足的资金流动性，并有效应对各种财务需求。资金调度计划的制定应基于对企业整体财务状况、未来资金需求以及外部市场环境的全面分析。企业需要预测各项业务的资金流出和流入情况，并合理安排资金的调拨时间和额度，确保各项资金需求能够及时得到满足。与此企业还必须设置明确的审批流程，确保每一笔资金的调度都经过严格的审核和批准。审批流程的设计应考虑到企业的组织架构和管理层级，通过多级审批，防止单一决策者的主观判断误差。通过制定详尽的资金调度计划，并确保计划在执行前获得适当的审批，企业能够在动态的市场环境中保持财务稳定,避免因资金调度不当而引发的财务风险。

(二) 跨部门资金调度的协调机制

跨部门资金调度的协调机制是保障资金在企业内部高效流动的重要手段。由于不同部门在企业内部承担的职责和面临的资金需求各不相同,跨部门的资金调度往往涉及到复杂的协调和沟通过程。如果缺乏有效的协调机制,会导致资金使用不均、资源浪费或部门之间的资金争夺。企业应建立一套规范的跨部门资金调度协调机制,以确保各部门能够在资金调度过程中达成共识,合理分配资源。各部门应在制定年度预算时明确资金需求,并通过财务部门统一协调,确保调度计划的全面性和可行性。在实际资金调度过程中,各部门应保持密切沟通,及时报告资金使用情况和变化,以便财务部门能够根据实际需要进行灵活调整。企业应通过定期的协调会议或沟通平台,加强跨部门合作,确保资金调度过程透明、公正,并能够迅速应对突发资金需求。通过完善的跨部门资金调度协调机制,企业能够实现资源的最优配置,提高整体资金使用效率。

(三) 资金调度过程中的风险管理

资金调度过程中的风险管理是确保企业财务安全和资金流动性的关键所在。在资金调度过程中,企业面临多种风险,包括流动性风险、市场风险以及操作风险等。为了有效防范这些风险,企业必须在资金调度过程中建立健全风险管理机制。流动性风险管理要求企业保持适当的现金储备和流动性比率,确保在遇到资金需求高峰或突发事件时能够迅速调度资金,避免资金链断裂。市场风险管理则需要企业密切关注外部经济环境和金融市场的变化,如利率波动、汇率变化等,以及时调整资金调度策略,减少因市场波动带来的损失。操作风险管理则主要集中在资金调度流程的合规性和准确性上,企业应通过内部审计和定期检查,确保每一步资金调度操作都符合规范,避免人为错误或违规操作导致的资金损失。通过全面的风险管理措施,企业能够在资金调度过程中有效控制风险,保持财务稳健,确保企业在各种不确定性中稳步前行。

四、资金监控的内部控制

资金监控的内部控制是确保组织资金使用安全和高效的重要机制，设立专门的资金监控部门或岗位，负责实时跟踪和审核资金流动情况。使用信息化系统实现资金流动的自动监控，确保所有资金进出有据可查。通过设立银行账户管理和权限控制，限制未经授权的资金调动和账户变动，防止资金被不当使用或挪用。定期对账是资金监控中的关键环节，确保账面余额与实际余额一致，及时发现和纠正差异。定期进行资金审计，评估资金监控措施的有效性，确保财务管理的透明度和资金的安全性。这些内部控制措施共同作用，降低资金管理中的风险，维护组织的财务稳定。

（一）资金流动的实时监控机制

资金流动的实时监控机制是企业确保财务安全和资金管理效率的基础。在现代企业管理中，资金流动的复杂性和多样性要求企业能够实时掌握资金的进出情况，以避免出现资金缺口、过度支出或其他财务问题。实时监控机制的建立需要依赖先进的信息技术，通过集成各类财务数据和业务数据，企业可以在一个统一的平台上监控资金的流动情况。实时监控不仅有助于管理层及时发现异常资金流动，还能够为企业的资金调度提供即时数据支持，确保资金的最优配置。实时监控还可以通过自动化警报系统，当资金流动偏离既定计划时，迅速向财务管理人员发出警报，使其能够立即采取纠正措施。

（二）资金流向与用途的定期审核

资金流向与用途的定期审核是资金监控内部控制的重要组成部分，旨在确保企业资金使用的合法性、合理性和有效性。定期审核不仅可以防止资金流动过程中出现的违规操作，还能够帮助企业识别资金使用中的低效环节和潜在风险。在定期审核过程中，企业应全面检查资金的流向，核实资金是否按照既定预算和计划被合理使用，并确保所有支出都与企业的经营目标和财务规划一致。审核的重点应包括大额资金的使用情况、高风险领域的资金流动以及与外部合作伙伴的资金往来等。通过这种严格的审核机制，企业可以及时发现和纠正资金使用中的偏差，防止资金被挪用、浪费或用于不适当的项目。资金审核还应注重结果的反馈，将审核发现的问题及时报告给管理层，并制定相应的改进措施，确保资金管理的持续改进。通过定期的资金流向与用途审核，企业能够有效控制资金风险，优化资金使用效率，确保财务管理的合规性和透明度。

（三）资金管理的合规性检查

资金管理的合规性检查是保障企业资金运作符合相关法律法规和内部政策的关键控制措施。在复杂的市场环境和严格的监管要求下，企业的每一笔资金流动都必须遵循相应的法律规范和内部管理制度。合规性检查的主要目的是确保资金管理过程中的所有操作合法合规，避免因违规行为导致的法律风险和财务损失。企业应建立完善的合规性检查机制，涵盖从资金筹集、使用到调度、监控的各个环节。

合规性检查应由独立的审计部门或外部专业机构进行，定期审查资金管理的合规性，包括合同条款的合法性、交易过程的透明度以及资金使用的符合性等。通过严格的合规性检查，企业能够及时发现并纠正潜在的合规问题，避免因违法操作而引发的法律纠纷和声誉风险。合规性检查的结果还应纳入企业的内部控制评估体系，作为改进资金管理流程和加强内部控制的依据。通过持续的合规性检查，企业能够确保资金管理的稳健性和合法性，为企业的长期发展提供坚实的财务基础。

第三节　资金管理的风险识别与防控

一、资金管理中的风险识别

（一）流动性风险的识别

流动性风险是企业在资金管理中面临的主要风险之一，指企业在需要资金时无法及时获得足够的流动资金,从而影响日常运营或战略项目的推进。识别流动性风险的关键在于对企业的现金流状况进行全面监控和分析。企业需要定期审查现金流入和流出,尤其是在高峰期的资金需求和潜在的资金缺口。识别流动性风险不仅要求企业了解现有的流动资金状况,还需对未来的资金需求进行合理预测,考虑到市场变化、客户付款周期以及供应链的资金要求等因素。企业应关注外部融资渠道的稳定性和可获得性,因为在紧急情况下,企业是否能够迅速获得外部资金支持将直接影响流动性风险的程度。通过持续监控和分析,企业能够提前识别流动性风险,并制定相应的应对措施,以确保资金的稳定流动。具体流动性风险识别要素及管理措施如表 5-3 所示。

表 5-3 流动性风险识别要素及管理措施

序号	识别要素	具体内容	管理措施
1	现金流状况监控	定期审查现金流入和流出,特别是高峰期资金需求	建立现金流监控系统,实时跟踪现金流动
2	资金缺口预测	预测未来出现的资金缺口,考虑各种资金需求	制定详细的资金需求计划,设置流动资金储备
3	市场变化	考虑市场环境的变化对资金流动的影响	进行市场调研和分析,及时调整资金管理策略
4	客户付款周期	分析客户付款习惯和周期对现金流的影响	优化应收账款管理,缩短客户付款周期
5	供应链资金要求	考虑供应商付款条件和采购资金需求	协商延长付款期限,与供应商建立良好合作关系
6	外部融资渠道稳定性	评估银行贷款、债券市场等外部资金来源的稳定性	建立多元化融资渠道,保持与金融机构的良好关系
7	未来资金需求预测	预测未来投资项目或业务扩展对资金的需求	根据未来计划调整流动资金管理,确保充足的资金支持
8	紧急融资能力	企业在紧急情况下快速获得资金的能力	建立备用信用额度或快速融资机制
9	应对措施规划	针对出现的流动性风险制定应急计划	制定流动性风险应急预案,定期演练和更新
10	流动资金储备	保持一定比例的流动资金储备以应对突发情况	设定合理的流动资金储备比例,定期审查和调整

(二）信用风险的识别

信用风险是企业在与客户或合作伙伴的交易过程中面临的另一重要风险，特别是当企业对外部交易方提供赊账或信用贷款时。识别信用风险需要企业对交易对手的财务状况、信用记录和市场声誉进行深入分析。企业应建立完善的客户信用评估体系，包括财务报表分析、信用评级和历史交易记录的审查，以全面了解客户的偿付能力和信用状况。企业还应关注客户所在行业的市场环境，因为行业的整体风险会对个别客户的信用状况产生重大影响。通过识别潜在的信用风险，企业可以采取预防措施，如要求客户提供担保、减少信用额度或缩短付款期限，从而降低因客户违约导致的财务损失。持续的信用风险识别不仅有助于保护企业的现金流，还能够增强企业在市场中的竞争力和稳定性。

（三）市场风险的识别

市场风险是指企业因市场价格波动、利率变化或汇率波动等因素而遭受经济损失的可能性。市场风险的识别需要企业对宏观经济环境、金融市场动向和行业趋势进行系统性分析。企业应定期关注市场指标，如原材料价格、利率变化和汇率波动，以提前判断市场变化对企业财务状况的潜在影响。例如原材料价格的剧烈波动导致生产成本的不可预测性，进而影响企业的利润率；利率上升则增加企业的融资成本，削弱财务灵活性。与此企业应密切关注国际市场的变化，尤其是对出口导向型企业而言，汇率波动直接影响销售收入和利润。通过识别市场风险，企业可以采取措施，如对冲工具或调整采购策略，来降低市场波动对财务表现的负面影响。有效的市场风险识别不仅能够帮助企业稳健运营，还能在市场波动中抓住有利时机，实现财务上的优化。

二、资金管理中的风险评估

（一）风险影响程度的评估

风险影响程度的评估是资金管理风险评估过程中至关重要的一环，它旨在衡量特定风险事件发生后对企业财务状况和运营能力的潜在影响。评估风险影响程度需要企业综合考虑多个因素,包括风险事件对企业现金流、利润、资产负债表等关键财务指标的冲击,以及对企业整体运营的长远影响。企业需要分析不同类型风险(如流动性风险、信用风险、市场风险等)对财务表现的具体影响,例如流动性风险导致企业无法及时支付供应商或员工,影响日常运营;信用风险导致应收账款无法收回,直接影响企业的盈利能力①。企业应将风险影响程度与企业的容忍度进行比较,以确定风险是否在可接受范围内。通过这种评估,企业可以优先关注那些对财务健康和运营稳定性威胁最大的风险类型,制定针对性的风险管理策略。通过系统的风险影响程度评估,企业能够识别并优先处理对其最具威胁的风险,从而确保在面临不确定性时仍能维持稳定的运营和财务状况。

(二) 风险发生概率的评估

在资金管理风险评估中,评估风险发生的概率是确定风险优先级和制定防控措施的关键步骤。风险发生概率的评估主要涉及对历史数据的分析和对未来趋势的预测。企业首先需要收集和分析过去的风险事件数据,包括发生频率、触发因素以及所处的市场环境等,从中提取规律和趋势。这些历史数据可以为企业提供有关未来类似风险事件发生性的宝贵参考。

企业应结合当前市场环境、经济条件、政策变化和企业自身运营状况,对未来风险发生的性进行预测。例如在经济衰退期间,信用风险发生的概率增加;在利率上升期,融资成本的上升引发流动性风险。通过对这些变量的综合分析,企业可以估计不同风险的发生概率,进而制定相应的预防和应对措施。通过准确评估风险发生的概率,企业能够更好地配置资源,将有限的管理精力和防控措施集中在最有可能发生的风险上,从而提高整体风险管理的效率和效果。

(三) 风险暴露的综合评估

风险暴露的综合评估是对企业面临的整体风险环境进行全面分析,旨在识别

---

① 古艳. 行政事业单位财务管理内部控制与风险防范 [J]. 管理学家, 2023 (1): 79-81.

和量化企业在不同风险场景下遭受的财务损失或运营中断的程度。这一评估过程将风险影响程度和发生概率结合起来，通过模拟不同的风险情境，帮助企业全面了解其在各种潜在风险事件中的暴露程度。企业应制定多个风险场景，从最乐观到最悲观，涵盖影响资金管理的各种风险因素，如市场崩溃、客户违约、供应链中断等。

企业需要量化这些场景下的潜在损失，例如市场崩溃导致的投资损失，客户违约导致的现金流短缺等。通过将这些损失与风险发生的概率相结合，企业可以计算出其在每种风险场景下的预期损失，并评估总体风险暴露情况。这种综合评估不仅有助于企业了解其在不同风险环境下的脆弱性，还能帮助企业制定更有效的风险管理策略，优化资源配置，确保在各种风险情况下的财务稳健性和运营连续性。

（四）风险评估模型的建立

建立风险评估模型是企业系统化管理风险的基础，通过模型的建立，企业可以更加科学和定量地评估资金管理中的各类风险。风险评估模型应涵盖风险识别、风险影响评估、发生概率分析以及风险暴露综合评估等多个方面，形成一个完整的评估框架。企业需要收集广泛的数据，包括历史风险事件、财务数据、市场数据等，以确保模型的基础数据准确可靠。根据数据分析的结果，企业可以使用统计学方法、数学模型或人工智能工具构建评估模型，模拟不同风险事件对企业的影响。例如企业可以使用蒙特卡罗模拟法来预测不同风险场景下的损失，也可以使用回归分析来评估特定市场风险的发生概率。通过模型的建立，企业可以更准确地评估其面临的风险，并制定更具针对性的风险管理措施。风险评估模型应具备动态更新的能力，随着市场环境、企业战略和财务状况的变化，模型参数应及时调整，以确保评估结果的准确性和有效性。通过建立和不断优化风险评估模型，企业能够将风险管理从经验判断转向科学决策，提高资金管理的前瞻性和防范能力，确保在各种风险情况下都能实现稳健发展[1]。

---

[1] 卯红红，张正武. 事业单位财务管理与内部控制相关问题分析 [J]. 纳税，2023（21）：82-84.

三、资金管理中的风险防控措施

资金管理中的风险防控措施旨在确保资金安全和有效使用，防止财务损失和运营中断，建立健全的资金管理制度，明确资金筹集、使用和调度的流程和审批权限。利用信息系统进行资金流动的实时监控，及时识别和预防异常交易。设置多层级审批机制，确保大额资金的使用经过严格审查。定期对账和资金盘点，确保账实相符，及时发现并纠正错误或异常情况。定期开展资金管理审计，评估内部控制的有效性，加强对资金流动的监控力度。

（一）流动性风险的控制措施

流动性风险的控制是确保企业在面对短期资金需求时能够顺利调配资金，维持正常运营的关键措施。流动性风险控制的核心在于保持企业充足的现金储备和灵活的融资渠道。企业应设定合理的现金储备目标，确保能够覆盖短期债务和运营资金需求。这一目标可以基于企业的历史现金流数据以及未来的资金需求预测来制定。为提高流动性管理的精确性，企业应定期监控现金流，分析现金流入和流出情况，及时调整现金储备水平。企业应多样化其融资渠道，包括银行贷款、发行短期债券、商业票据等，确保在紧急情况下能够迅速获得资金。灵活的融资渠道能够帮助企业在遭遇意外资金需求或市场动荡时，及时补充现金流，避免陷入财务困境。通过建立健全的流动性管理体系，企业可以有效降低流动性风险，确保在各种经济环境下保持稳健运营。

（二）信用风险的预防与管理

信用风险的预防与管理是保障企业应收账款回收和维持良好客户关系的重要手段。企业在管理信用风险时，首先应建立严格的客户信用评估制度，确保在与客户开展业务之前对其财务状况和信用记录有全面了解。通过信用评估，企业可以决定是否给予客户信用额度以及设定合理的付款条件。对于信用风险较高的客户，企业应采取更为谨慎的措施，如要求预付款、缩短付款周期或提供担保。企业应定期监控客户的信用状况，特别是在宏观经济环境变化或客户所在行业出现波动时，及时调整信用政策。企业还可以通过信用保险等金融工具来转移部分信用风险，确保即使客户违约，企业也能够获得部分赔偿，减少财务损失。信用风险的有效管理不仅能够保障企业的现金流稳定，还能建立起长期可靠的客户关系，增强市场竞争力和抗风险能力。

（三）市场风险的对冲与规避

市场风险的对冲与规避是企业在面对市场价格波动、利率变化和汇率波动等不确定性因素时保护自身财务稳定的重要策略。对冲是一种通过金融工具来锁定未来市场价格或利率，从而减少市场波动对企业财务影响的方法。企业可以利用期货、期权和互换等衍生品市场工具对冲原材料价格波动、利率上升或汇率波动的风险。例如出口企业可以通过远期外汇合约锁定未来的汇率，从而避免汇率波动带来的收入损失。

企业还应采用市场多样化策略，避免过度依赖单一市场或产品，以分散市场风险。通过在不同市场、不同产品线中分散业务，企业可以降低个别市场波动对整体财务的影响。市场风险的规避不仅依赖于对冲工具的使用，还要求企业在决策过程中充分考虑市场动态和宏观经济趋势，制定灵活的应对策略，以确保企业在市场波动中依然能够保持财务健康和业务稳定。

四、资金管理风险的内部审计

资金管理风险的内部审计是确保组织资金安全和合规性的重要措施。内部审计通过独立、客观的评估，识别资金管理中的潜在风险和控制缺陷。审计人员应对资金管理制度和流程进行全面审查，确保其符合组织政策和法律法规。审计要对资金流动记录、银行对账单、账实核对进行详细核查，发现异常交易和财务差异。内部审计还需评估资金监控系统的有效性，验证是否能及时发现并预防资金滥用和舞弊行为。

（一）资金管理流程的审计评估

资金管理流程的审计评估是内部审计的核心环节，旨在确保企业的资金管理活动符合既定的政策和程序，同时识别和改进流程中的薄弱环节。内部审计部门在评估资金管理流程时，首先需要全面了解企业的资金管理政策、操作程序和控制措施，并以此为基准，审查各项资金管理活动的执行情况。审计评估应覆盖资金筹集、资金使用、资金调度和资金监控等各个环节，通过深入分析和数据核对，识别流程中的不合规操作或管理漏洞。审计还应重点关注流程的效率和有效性，例如资金调度的及时性、资金使用的合理性以及资金监控的全面性等。通过系统的审计评估，企业能够识别出资金管理中的问题和改进机会，确保资金管理流程的科学性和稳健性，进而提升整体财务管理水平。

（二）风险控制措施的有效性审查

风险控制措施的有效性审查是内部审计在资金管理中不可或缺的组成部分，旨在评估现有风险管理措施是否能够有效预防和应对资金管理中的各种风险。审计人员需要详细检查企业为应对流动性风险、信用风险、市场风险和操作风险所设立的控制措施，评估这些措施的设计合理性和执行效果。有效性审查不仅关注控制措施的理论设计是否符合企业的风险管理目标，还需要验证这些措施在实际操作中是否发挥了应有的作用。

（三）资金管理合规性的审计

资金管理合规性的审计是确保企业在资金管理过程中遵守相关法律法规、行业标准和内部政策的重要步骤。合规性审计的主要目标是识别资金管理活动中的合规风险，并确保企业的资金操作符合外部监管要求和内部合规标准。审计人员应首先熟悉相关法律法规和行业标准，明确企业在资金筹集、使用、调度和监控过程中应遵守的合规要求。

审计应对照这些标准，逐项检查资金管理活动的合规性，识别潜在的合规风险或违法操作。例如在资金使用方面，审计应核查是否存在未经批准的支出或违规使用资金的情况；在资金筹集方面，审计应确保融资行为符合金融监管政策，相关合同条款合法合规。通过合规性审计，企业可以及时发现并纠正资金管理中的合规问题，降低法律风险和声誉风险，确保资金管理活动的合法性和透明度。

(四)审计结果的反馈与整改措施

审计结果的反馈与整改措施是内部审计过程的最终环节,也是确保审计发现的问题得到有效解决的重要步骤。审计结束后,审计部门应将审计结果以详细报告的形式反馈给企业管理层和相关部门,报告内容应包括审计发现的问题、潜在风险、控制措施的有效性评估以及合规性审计的结论。管理层在接收到审计反馈后,应迅速组织相关部门讨论和分析审计报告中的问题,并制定整改计划。

整改措施应明确责任人、整改步骤和时间表,确保每一个问题都能得到彻底解决。审计部门应对整改措施的落实情况进行跟踪和再审计,确保整改工作的有效性和持续性。通过反馈和整改,企业不仅能够解决审计中发现的问题,还可以不断完善资金管理流程和风险控制机制,提升整体的财务管理水平和风险防范能力。这一循环过程有助于企业建立起一个动态优化的资金管理体系,确保在不断变化的市场环境中始终保持财务健康和运营稳健。

第四节 资金管理的信息化与现代化

一、资金管理的信息化发展

资金管理的信息化发展通过引入先进的信息技术和系统,大大提升了资金管理的效率、准确性和安全性。借助财务管理软件和 ERP 系统,组织可以实现资金流动的自动化监控和实时分析,减少人为错误,提升资金调度的精准性。在线银行和电子支付平台的使用,使得资金收付更加便捷、透明,同时降低了现金流动的风险。大数据分析和人工智能技术的应用,可以帮助组织进行资金预测和风险评估,优化资金配置和使用策略。区块链技术也逐渐被引入资金管理,增强了交易的安全性和透明度。信息化的发展使资金管理更加智能化和高效,为组织的财务决策提供了强有力的支持。

（一）资金管理信息化的趋势与背景

随着信息技术的飞速发展，资金管理的信息化已成为现代企业提升财务管理效率和竞争力的关键趋势。在全球化和市场竞争日益激烈的背景下，企业面临着更加复杂的资金管理挑战，如多币种运营、跨区域资金调度和实时风险管理等。传统的资金管理方式难以满足企业对速度、准确性和数据整合的高要求，信息化成为资金管理转型升级的必然选择。信息化的发展使企业能够借助先进的技术手段，实现资金管理的自动化、数据化和智能化，进而增强对资金流动的实时控制和决策支持。通过信息化，企业可以将分散的资金管理活动整合到一个统一的平台上，从而提高资金使用效率，优化现金流管理，并增强对市场变化的快速响应能力。

（二）信息化技术在资金管理中的应用领域

信息化技术在资金管理中的应用领域广泛且深入，涵盖了从资金调度、预算管理到风险控制的各个方面。企业可以通过资金管理信息系统（TMS）实现对全球资金的集中管理和实时监控，这使得跨国企业能够有效调配和利用全球资源，降低外汇风险和运营成本。信息化技术应用还包括自动化支付系统，它能够简化支付流程，减少人为错误，并提高支付效率。

大数据分析和人工智能技术在资金管理中也扮演着越来越重要的角色。通过对历史数据的分析和预测模型的应用，企业可以更准确地进行资金预测、风险评估和决策支持，确保资金管理的精确性和前瞻性。信息化技术不仅提升了资金管理效率，还使企业在复杂多变的市场环境中，能够更加灵活地应对各种财务挑战，确保企业的财务稳健性和长期发展。

（三）信息化发展对资金管理效率的提升

信息化的发展对资金管理效率的提升体现在多个层面，包括资金流动速度、数据处理能力和决策支持效率等。通过信息化，企业能够大幅度缩短资金调度的时间，实现跨部门、跨区域的资金即时转移，进而提高资金使用效率，减少资金闲置现象。信息化技术的应用使得资金数据的处理和分析更加迅速和准确，从而使管理层能够实时掌握企业的财务状况，做出及时而科学的决策。

资金管理信息系统的集成化还提高了数据的可追溯性和透明度，使得各项资金流动都在系统的监控和记录之下，降低了操作风险和资金流失的可能性。信息化的发展不仅优化了企业的资金管理流程，还使得企业能够在资源有限的情况下，实现资金的最大化利用，从而提升企业的整体运营效率和市场竞争力。

二、现代化资金管理工具的应用

现代化资金管理工具的应用显著提升了组织的财务管理能力和资金使用效率，企业资源规划（ERP）系统整合了财务、采购、库存等模块，实现了资金流动的自动化记录和管理，确保数据的一致性和实时性。财务管理软件提供了全面的财务分析功能，如预算编制、现金流预测和成本控制，使组织能够更精确地进行财务规划。在线银行系统和电子支付工具提高了资金交易的速度和便捷性，降低了传统支付方式的风险。大数据分析工具能够通过分析海量财务数据，识别资金使用中的潜在问题，并提供优化建议。

（一）资金管理软件的选型与应用

资金管理软件的选型与应用是企业提升资金管理效率和准确性的关键环节。随着企业规模的扩大和资金管理复杂性的增加，传统的资金管理方法已经难以满足企业的需求，选择合适的资金管理软件变得尤为重要。资金管理软件能够集成资金调度、现金流预测、投资管理、风险控制等多项功能，帮助企业实现资金管理的自动化和系统化。在选型过程中，企业应首先明确自身的管理需求和目标，选择能够满足这些需求的软件系统。软件的灵活性、可扩展性和易用性也是选型时必须考虑的因素，这确保企业能够根据业务发展和市场变化，灵活调整资金管理策略。成功的资金管理软件应用不仅能大幅提高企业的运营效率，还能通过精准的数据支持，帮助管理层做出更科学的财务决策，增强企业在市场中的竞争力。

(二) 数据分析工具在资金管理中的作用

数据分析工具在资金管理中扮演着越来越重要的角色，特别是在大数据时代，资金管理的决策需要基于大量的历史数据和实时数据进行分析。通过数据分析工具，企业可以从庞杂的财务数据中提取有价值的信息，为资金流动、风险控制、投资决策等方面提供有力支持。

数据分析工具可以帮助企业进行精准的现金流预测，确保企业能够及时调整资金调度，避免资金短缺或过度闲置。通过对历史数据的分析，企业可以识别出资金使用中的低效环节，优化资源配置，提高资金使用效率。数据分析工具还可以通过风险评估模型，预测市场变化对企业资金管理的潜在影响，帮助企业提前做好防范措施。数据分析工具的应用不仅提升了资金管理的精确度，还使得企业能够在复杂的市场环境中保持财务稳健，快速响应外部变化，抓住市场机遇。

(三) 智能化技术在资金管理中的创新应用

智能化技术在资金管理中的创新应用，为企业提供了全新的管理视角和手段。随着人工智能、机器学习和区块链技术的快速发展，这些前沿技术逐渐被引入资金管理领域，推动了管理模式的深刻变革[1]。人工智能技术可以通过学习和分析大量历史数据，自动识别资金管理中的模式和趋势，提供精准的资金调度建议，并预测未来的财务风险。区块链技术的应用为资金管理带来了更高的透明度和安全性，通过分布式账本技术，企业可以实现资金流动的实时跟踪和不可篡改的记录，从而有效防范财务欺诈和操作风险。智能化技术不仅提高了资金管理的效率，还在很大程度上减少了人为干预的可能性，使得资金管理变得更加精准和可靠。通过创新应用这些智能化工具，企业能够构建起一个更加智能和高效的资金管理体系，在激烈的市场竞争中获得更强的竞争优势。

---

[1] Financial Management and Assurance; Standards for Internal Control in the Federal Government [J]. The Federal Register / FIND, 2024, 89 (124): 53624.

三、资金管理系统的设计与实施

资金管理系统的设计与实施是提升组织资金使用效率和风险控制能力的关键步骤,设计阶段需要明确系统的目标,包括资金流动的实时监控、预算管理、资金调度和风险预警等。系统应具有良好的用户界面和易操作性,支持多层级的权限管理,以保护数据安全和防止未经授权的操作。系统应与现有的财务管理软件、ERP系统和银行系统无缝集成,实现数据的自动化更新和对账。实施阶段,应选择经验丰富的供应商和技术团队进行系统开发和部署,确保系统的稳定性和可靠性。培训员工使用新系统,提供持续的技术支持和维护,以确保系统的正常运行。

(一)资金管理系统的功能需求分析

资金管理系统的功能需求分析是系统设计的首要步骤,直接关系到系统的有效性和适用性。企业需要全面了解其资金管理的业务流程和管理需求,这包括资金调度、预算管理、现金流预测、风险控制等各个方面[1]。通过对现有资金管理流程的深入分析,企业能够识别出现有系统的不足之处以及需要改进的环节。例如某些企业需要一个更强大的预算跟踪功能,以实时监控预算执行情况,避免超支现象;而另一些企业更加关注现金流的实时监控和风险管理功能,以确保在市场波动时能够快速调整资金策略。功能需求分析应结合企业的具体运营环境和管理目标,确定系统必须具备的核心功能和辅助功能。这一阶段的分析结果将为后续的系统设计提供明确的方向和基础,确保资金管理系统不仅能够满足当前的需求,还能具备一定的灵活性,以适应未来的业务扩展和变化。

(二)系统设计中的安全性与合规性考量

在资金管理系统的设计过程中,安全性与合规性是必须重点考虑的两个方面。由于资金管理系统涉及企业的核心财务数据和资金流动,任何安全漏洞都导

---

[1] Yan X. Research on the Impact of the New Government Accounting System on Financial Management [J]. Academic Journal of Business & Management, 2023, 5 (20): 79-81.

致严重的财务损失和声誉风险。系统设计必须具备强大的安全防护能力，包括数据加密、访问控制、日志审计和应急恢复等功能。数据加密可以确保即使在数据传输和存储过程中被截获，数据也无法被未授权的人员读取；访问控制则通过权限管理，确保只有经过授权的人员才能访问特定的财务数据和执行敏感操作。

日志审计功能可以记录所有系统操作，帮助企业在发生安全事件后追踪和调查问题。资金管理系统还必须符合相关法律法规和行业标准，特别是在涉及跨国运营的企业中，系统设计应考虑到不同地区的合规要求，如数据隐私保护、反洗钱规定等。通过全面的安全性与合规性设计，企业可以有效降低系统使用中的安全风险，确保资金管理活动的合法性和安全性。

（三）资金管理系统的实施步骤与关键点

资金管理系统的实施是一个复杂且系统化的过程，涉及到从前期准备到最终上线的多个步骤。企业应制定详细的实施计划，包括时间表、资源分配、培训计划等，确保各部门之间的协调和配合。前期准备阶段，企业需要对现有的财务数据进行清理和迁移，确保所有数据在新系统中能够正确显示和操作。接下来是系统的配置和定制，根据前期功能需求分析的结果，对系统进行适应性调整，以满足企业的特殊业务需求。

在实施过程中企业还应注重员工的培训和支持，确保操作人员能够熟练掌握新系统的使用方法，并能够在日常工作中充分利用系统的功能。关键的测试环节是保证系统上线顺利的重要步骤，通过模拟实际操作和多次测试，企业可以发现并修正潜在的问题，确保系统在正式投入使用时能够稳定运行。通过分阶段的实施和严格的质量控制，企业能够确保资金管理系统的顺利部署和高效运行，为其财务管理提供有力支持。

（四）系统实施后的测试与优化

在资金管理系统正式上线后，系统的测试与优化是确保其长期稳定运行和持续满足企业需求的关键环节。企业应在系统上线后进行全面的功能测试，确保各项功能在实际运营中能够如预期般运行。测试内容应包括系统的稳定性、响应速度、数据处理能力以及各项安全措施的有效性[1]。通过这些测试，企业可以及时发现系统上线初期出现的运行问题，并迅速加以修正。系统上线后的用户反馈也是优化的重要依据，企业应定期收集操作人员的使用体验和建议，根据实际操作中的难点和痛点，对系统进行相应的调整和优化。

四、信息化对资金管理内部控制的支持

信息化对资金管理内部控制的支持显著提升了资金管理的效率、透明度和安全性，通过财务管理系统和 ERP 系统的应用，资金流动能够被实时监控和记录，确保所有资金进出有据可查，减少人为操作失误和舞弊的可能性。信息化工具可以实现自动对账和异常交易的识别，提高资金管理的准确性。信息化使得多层级审批流程的执行更加便捷，所有资金审批和授权记录都可以在系统中留痕，有助于审计和追溯。大数据分析技术可以帮助组织进行现金流预测、风险评估和优化资金配置决策。信息化还增强了信息共享和沟通效率，使管理层能够及时获取资金状况和财务数据，从而做出更迅速和准确的决策。

（一）信息化在内部控制中的角色与作用

信息化在资金管理的内部控制中扮演着关键的角色，通过数字化和自动化手段，信息化大大提高了内部控制的效率和准确性。信息化技术能够实现对资金管理流程的全面监控，从而加强对资金使用的规范化管理。借助信息系统，企业可以建立自动化的工作流程，使资金的审批、调度、使用等环节都在系统的控制下进行，减少人为干预和操作失误的性。信息化还提高了数据的透明度和可追溯性，所有资金流动都被系统记录和跟踪，这不仅有助于实时监控资金流动，还为后续的审计和纠正措施提供了详细的数据支持。通过信息化，企业能够在内部控制中实现更高的精度和实时性，从而确保资金管理的安全性和有效性，降低财务风险，提升整体管理水平。

---

[1] Xuan M. Enterprise accounting financial management and internal control strategy [J]. Financial Engineering and Risk Management, 2023, 6 (5): 39-41.

(二) 信息系统对资金流动监控的强化

信息系统对资金流动的监控能力是内部控制中最为显著的增强点之一。传统的资金流动监控依赖于手工操作和定期检查，往往存在时效性差、覆盖面不全的问题，而信息化的引入使得资金流动的监控变得更加实时和全面。通过集成的资金管理信息系统，企业可以实现对所有资金流动的实时监控，包括资金的来源、去向、用途以及相关的审批流程。

信息系统能够自动生成资金流动报告，帮助管理层及时了解资金状况，发现异常流动并采取措施。这种实时监控不仅有助于防范资金挪用、超支等问题，还可以通过预警机制提前识别潜在风险，避免资金链断裂等严重后果。信息系统还可以将资金流动数据与预算、预测数据进行比对，确保资金流动符合企业的财务规划和战略目标。通过信息系统的强化监控，企业的资金管理变得更加透明、可控，为管理层提供了更强大的工具来保障财务健康。

(三) 信息化对资金管理合规性的保障

信息化在资金管理的合规性保障方面发挥了不可替代的作用。随着企业面临的法律法规和行业标准日益复杂，确保资金管理的合规性变得至关重要。信息系统通过集成合规检查功能，可以帮助企业自动核对资金管理活动与相关法规和内部政策的符合性。例如在资金调度和使用过程中，系统可以自动检查是否遵守了反洗钱规定、外汇管理政策和税务规定等，并在发现异常时自动发出警报。

信息化技术还可以确保资金管理活动的全过程记录在案，所有操作和决策都留下完整的审计线索，方便监管机构和内部审计的审查。这种全程记录不仅满足了合规要求，还提高了企业在面对法律审查时的透明度和可信度。信息化系统的合规性保障功能使得企业能够更从容地应对日益严格的监管环境，降低了因合规失误而导致的法律风险和财务损失[①]。

[①] Shangxin T. Strengthening the Path of Internal Control Work in Enterprise Accounting and Financial Management [J]. Accounting and Corporate Management, 2023, 5 (1): 27-41.

第六章 事业单位财务信息管理与内部控制

第一节 财务信息的收集与处理

一、财务信息收集的渠道

财务信息收集的渠道包括内部和外部两大方面。内部渠道主要有会计系统、ERP 系统、预算报告和部门财务报表等，提供组织内部的详细财务数据和运营情况。外部渠道则包括银行对账单、供应商发票、客户付款记录、市场分析报告和政府税务信息等，为组织提供外部经济环境、交易往来和法规遵循的信息。通过这些多元渠道的财务信息收集，组织能够全面了解其财务状况，支持准确的财务分析和决策。

（一）内部财务系统数据采集

内部财务系统数据采集是企业财务信息收集的核心渠道之一，直接影响企业财务管理的准确性和及时性。内部财务系统通常包括会计软件、ERP 系统和资金管理系统等，这些系统记录了企业的各项财务活动和交易数据，如收入、支出、资产负债、现金流等。通过内部财务系统，企业能够实时获取与分析其运营状况，支持管理层的决策制定[1]。有效的数据采集不仅要求系统的完整性和准确性，还要求数据的实时更新和易于访问，确保财务信息能够及时反映企业的运营情况。内外部数据的整合和分析，使得企业能够从更广泛的角度理解其财务表现，

---

[1] Wang H. The Optimization of Overall Budget Management and Internal Control in Colleges and Universities [J]. Accounting and Corporate Management, 2022, 4 (6): 79-81.

并及时调整战略方向以适应市场变化。

(二) 外部市场与行业信息获取

外部市场与行业信息获取是企业财务信息收集的重要补充，它为企业提供了宏观经济环境和行业竞争状况的背景数据。这些信息通常来自市场调研、行业报告、政府发布的经济数据、竞争对手的财务表现、以及行业协会的统计数据等。通过获取外部市场和行业信息，企业可以洞察市场趋势、预测行业变化，并将这些信息纳入其财务规划和决策中。

(三) 供应链与合作伙伴信息收集

供应链与合作伙伴信息收集是企业财务信息收集的重要环节，影响到企业的成本控制、资金流动和长期合作关系的管理。通过与供应商、分销商、合作伙伴的紧密合作，企业能够获取关于供应链的财务数据，如采购成本、支付周期、信用条款等。这些信息对于优化企业的运营成本、管理现金流和预防供应链风险至关重要。企业还需要收集与合作伙伴相关的财务信息，以确保合作的可持续性和互利性。这些信息可以包括合作伙伴的财务健康状况、信用评级、付款历史等。

(四) 客户与销售数据的整合

客户与销售数据的整合是企业在财务信息收集过程中不可或缺的部分，这些数据直接反映了企业的收入来源和市场表现。通过收集和分析客户订单、销售记录、客户信用状况等信息，企业能够准确掌握市场需求、销售趋势以及客户的付款行为。这不仅有助于企业制定销售策略，还能改善现金流管理，降低坏账风险。销售数据与客户信息的整合使企业能够更精准地预测未来的销售收入，调整库存和生产计划，并优化客户关系管理。通过这种整合，企业可以确保其财务决策基于最新的市场反馈，从而提高整体财务管理的效能和市场竞争力。

(五) 法规与政策变化信息的监控

法规与政策变化信息的监控对于企业的财务管理至关重要，因为这些变化直接影响企业的税务规划、合规性要求和财务报表披露。企业需要持续关注和收集与其行业相关的法律法规、税收政策、会计准则的变化，以及政府出台的经济调控措施。通过及时获取和分析这些信息，企业能够预见政策变化对其财务状况的潜在影响，并做出相应调整。例如新出台的税收优惠政策为企业提供减税机会，而新的会计准则要求调整财务报告的编制方式。通过有效的政策和法规监控，企业可以确保其财务管理符合最新的法律要求，降低合规风险，优化财务决策①。

二、财务信息处理的流程

财务信息处理的流程通常包括数据收集、整理、分析和报告四个步骤，通过会计系统和各部门报表收集相关财务数据。对这些数据进行分类、汇总和校对，确保数据的完整性和准确性，使用财务分析工具对数据进行深入分析，以识别财务状况和绩效表现。将分析结果编制成财务报告，提供给管理层和利益相关者，为决策和战略规划提供依据。

（一）初步数据整理与分类

初步数据整理与分类是财务信息处理流程的第一步，也是确保后续数据处理准确性和有效性的基础。企业在日常运营中会生成大量的财务数据，这些数据来源广泛、形式多样，包括收入支出记录、成本费用明细、资产负债情况等。在进行数据整理时，企业需要将这些数据按照预定的标准进行分类，例如按照业务类型、时间段、部门或项目等维度进行归类。初步数据整理的目标是将原始数据转换为便于分析和处理的格式，并排除重复或无关的数据项，以提高数据处理的效率和质量。通过系统化的整理与分类，企业能够确保数据的一致性和可用性，为后续的分析和决策打下坚实基础。

---

① Oyekunle O，Aliyu A．Assessing the efficacy of employee training and internal control system on financial management of small and medium scale enterprises in Nigeria ［J］．African Journal of Economic and Management Studies，2022，13（3）：366-384．

(二) 数据清洗与错误修正

数据清洗与错误修正是财务信息处理流程中的关键步骤，直接影响到数据的准确性和完整性。在这一阶段，企业需要对初步整理和分类后的数据进行进一步的检查和修正，以消除数据中的错误、遗漏、不一致或异常值。例如企业应检查数据输入时的拼写错误、数字错误或格式不一致问题，同时核对各类财务数据与原始凭证或账单是否匹配。在处理过程中，异常数据和明显不合理的数据项应被识别并纠正，以确保数据的真实性和可靠性。数据清洗的有效性取决于企业所采用的检查标准和技术工具，通常包括自动化的数据校验软件和人工审查相结合的方式。

(三) 数据分析与财务指标计算

数据分析与财务指标计算是财务信息处理的核心步骤，旨在从清洗后的数据中提取有价值的信息，为企业的财务管理和决策提供依据。在这一阶段，企业将整理和清洗后的数据输入到分析工具中，进行各种财务分析，如现金流分析、成本效益分析、预算执行情况分析等。企业还会计算关键的财务指标，如利润率、资产周转率、负债比率、流动比率等，以评估企业的财务健康状况和运营效率。这些财务指标不仅反映了企业的财务表现，还能够帮助企业识别潜在的问题和改进空间。

(四) 信息汇总与报告编制

信息汇总与报告编制是将分析结果系统化和规范化的过程，目的是为管理层和其他利益相关者提供清晰、简明的财务报告。在这一阶段，企业将各类财务数据和分析结果进行整理、汇总，形成全面的财务报告。报告的编制通常包括财务报表的生成，如资产负债表、损益表和现金流量表，以及各种专项报告，如预算执行报告、投资回报分析报告等。在编制过程中，企业需要确保报告内容的准确性和完整性，避免因数据遗漏或表述错误而影响报告的可信度。报告编制还需要遵循相关的会计准则和法规要求，以确保财务信息的合规性和可比性。通过规范的报告编制，企业能够向管理层、投资者和监管机构提供可信赖的财务信息，为战略决策、资源配置和绩效评估提供坚实的基础。

三、财务信息的准确性与完整性

财务信息的准确性与完整性是有效财务管理的基础，直接影响组织的决策质量和财务透明度。准确性要求财务数据真实反映组织的财务状况，没有错误、遗漏或虚假成分，这需要通过严格的会计标准、审核程序和数据校对来实现。完整性指所有相关财务信息均被全面、及时地记录和报告，没有漏报或隐瞒，确保财务报告的全貌和真实度。

（一）数据输入与录入的精准控制

数据输入与录入的精准控制是确保财务信息准确性的首要环节。在财务管理中，数据的初始录入直接决定了后续财务分析和报告的准确性，企业必须高度重视这一过程。精准的控制措施包括建立严格的数据录入标准和流程，确保所有财务数据在录入时经过核实，避免因人为错误或疏忽导致的数据不一致或错误。企业应采用双人核对或系统自动校验等机制，以进一步减少错误的可能性。例如利用信息系统中的校验功能，实时检查数据的合理性和一致性，发现问题时立即提示录入人员进行纠正。

（二）财务数据核对与交叉验证

财务数据核对与交叉验证是确保财务信息准确性和完整性的关键步骤。核对与验证不仅涉及将录入的数据与原始凭证进行一一比对，还包括在不同数据来源之间进行交叉检查，以确认数据的一致性。企业通常会通过月末或季度末的对账程序，核对账目之间的余额和明细，确保各类财务数据的准确记录。交叉验证则是在不同系统或部门之间进行的数据对比，如将销售系统的收入数据与财务系统的应收账款数据进行核对，确认数据是否一致。这种多层次、多角度的验证不仅能够发现数据中的潜在错误，还可以揭示隐藏的操作风险或流程漏洞。通过严格的核对与交叉验证，企业能够进一步巩固财务信息的准确性和完整性，为管理层决策提供可靠的数据支持。

（三）多来源数据的整合与统一

多来源数据的整合与统一是提升财务信息完整性的重要手段。在现代企业中，财务数据往往来自多个来源，如不同的业务部门、子公司、外部合作伙伴等，这些数据形式多样、标准不一，给数据整合带来了挑战。为确保财务信息的完整性，企业需要建立统一的数据标准和格式，将来自不同来源的数据进行规范化处理。这包括数据格式的转换、字段的对齐、以及信息重复和冲突的解决等。在数据整合过程中，企业还应利用先进的整合工具和技术，自动化处理数据的汇总和合并，确保最终生成的财务数据全面且无遗漏。

（四）自动化工具与技术的应用

自动化工具与技术的应用是确保财务信息准确性与完整性的现代化手段。随着企业财务管理的复杂性不断增加，依赖手工处理数据已经无法满足高精度和高效率的要求。自动化工具通过技术手段减少人为操作的参与，能够显著降低数据处理中的错误率。例如企业可以使用财务管理软件或 ERP 系统实现自动化数据录入、自动对账、和自动生成财务报表等功能，确保每一笔交易都被准确记录和处理。数据分析工具可以实时监控财务数据的变化，自动识别异常数据并发出警报，帮助企业及时发现和纠正错误。

四、财务信息的及时性与相关性

财务信息的及时性与相关性是确保组织作出有效管理决策的关键因素。及时性要求财务信息在最短时间内收集、处理和报告，使管理层能够迅速了解财务状况，及时应对市场变化和业务需求。相关性则意味着财务信息必须与当前的决策需求直接相关，提供有助于解决实际问题的数据和分析。为了实现及时性和相关性，组织应采用高效的信息系统，优化数据处理流程，并定期更新和审查财务报告，确保信息准确、全面、符合管理需求，从而支持战略规划和业务运营的有效决策。

（一）实时数据更新与动态监控

实时数据更新与动态监控是确保财务信息及时性的关键环节。在现代企业环境中，市场变化迅速，企业需要实时掌握财务数据，以便及时做出响应和决策。通过实时数据更新，企业能够确保财务信息的准确性和最新性，避免决策基于过时的数据而产生偏差。动态监控则使企业能够持续跟踪财务指标和关键数据，如现金流、收入、支出等，从而及时识别和应对潜在问题。例如企业可以通过自动化系统实时监控资金流动，当发现异常时立即发出警报，防止问题扩大。通过实时更新和动态监控，企业不仅能提高财务管理的效率，还能在变化的市场环境中保持敏捷性和竞争力。

（二）财务信息发布的时效性管理

财务信息发布的时效性管理直接影响企业内部决策的有效性和外部利益相关者的信心。及时发布财务信息意味着企业能够在合适的时间点提供必要的数据支持，使管理层能够基于最新的财务状况进行决策，投资者和监管机构也能够及时获取企业的财务表现。时效性管理不仅仅是快速发布财务信息，更涉及到如何在保证信息准确性的前提下提高发布速度。企业需要建立完善的信息发布流程，包括数据的采集、审核、汇总和披露，每个环节都应有明确的时间要求和责任分工。企业还应利用信息技术手段加速数据处理和报告生成的过程，确保在市场变化和政策调整时，能够迅速发布相关财务信息，从而增强企业的透明度和公信力。

（三）数据分析结果的应用与反馈

数据分析结果的应用与反馈是提升财务信息相关性的重要手段。分析数据的最终目的是为决策提供支持，帮助企业优化运营和战略规划。通过对财务数据的深度分析，企业能够识别出影响财务表现的关键因素，如成本结构、盈利能力、资产周转率等，并据此调整经营策略。例如通过分析销售数据和客户支付习惯，企业可以优化库存管理和应收账款政策，提升资金利用效率。数据分析结果不仅需要应用于决策过程，还应通过反馈机制不断修正和完善分析模型。企业应建立数据反馈循环，将决策结果与初步分析进行比对，评估决策的效果，并将这些经验用于改进未来的数据分析工作。

(四) 信息处理流程的优化与加速

信息处理流程的优化与加速是确保财务信息及时性的核心措施。随着企业数据量的增加和业务复杂性的提高，传统的财务信息处理流程难以满足及时性要求。企业需要通过流程优化和技术升级，提升信息处理的效率。企业可以通过流程再造，简化信息处理的各个环节，减少不必要的审批和手工操作，缩短数据处理的周期。引入自动化和智能化工具，如机器人流程自动化（RPA）、人工智能（AI）等，可以加速数据采集、分析和报告生成的过程。企业还应定期评估信息处理流程的效率，识别瓶颈和改进点，确保流程始终高效运行。通过这些优化措施，企业能够在更短的时间内完成财务信息的处理和发布，提高对市场变化和内部需求的响应速度。

(五) 快速响应机制与风险预警系统

快速响应机制与风险预警系统是确保财务信息能够及时反映潜在风险并支持企业迅速应对的重要组成部分。面对市场波动、政策变动和内部运营变化，企业需要建立灵敏的财务监控和预警系统，及时发现和预警对财务健康产生威胁的因素。例如通过实时监控财务指标，如流动比率、资产负债率、现金流状况等，企业可以迅速识别财务压力点，并触发预警机制。企业应建立快速响应机制，当风险预警触发时，管理层能够迅速获得详细的分析报告和应对建议，确保及时采取行动，避免风险扩散或加重。这样的系统不仅提高了企业的风险管理能力，也使得企业能够更好地适应不确定性，保持财务稳健和市场竞争力。通过快速响应机制与风险预警系统的有效结合，企业能够在瞬息万变的市场环境中保持敏捷性和主动性，确保财务信息的及时性和相关性[1]。

---

[1] Qian L. Internal Control Model of Enterprise Financial Management Based on Market Economy Environment [J]. Advances in Multimedia, 2022, 16 (2): 166-184.

第二节 财务信息系统中的内部控制

一、财务信息系统的构建

财务信息系统的构建是实现财务管理信息化、提升决策支持能力的重要步骤。需要明确系统的目标，包括数据的收集、处理、分析和报告，确保系统能够满足组织的管理需求。选择适合的财务管理软件或 ERP 系统，整合会计、预算、资金管理等模块，实现信息共享和流程自动化。系统设计应注重用户界面友好性和操作简便性，并具备数据安全和访问控制功能，保护敏感财务信息。实施阶段要确保系统与现有业务流程的无缝对接，进行充分的测试和调整。提供持续的用户培训和技术支持，确保系统的稳定运行和最大化利用。通过科学构建财务信息系统，组织能够提高财务数据的准确性、及时性和相关性，支持管理层做出更明智的决策。

（一）系统需求分析与规划

系统需求分析与规划是财务信息系统构建过程中最为关键的步骤之一，它决定了系统的功能、性能和未来的发展方向。在这一步骤中企业首先需要明确财务信息系统的建设目标，即解决哪些财务管理问题，提升哪些业务能力。通过与各相关部门的沟通，企业可以全面了解现有财务管理的痛点和需求，如数据准确性不足、信息处理效率低下、缺乏实时财务监控等。基于这些需求，企业应进行详细的功能需求分析，确定系统必须具备的核心功能模块，如财务报表生成、预算管理、现金流监控、应收应付管理等。还应考虑系统的可扩展性和灵活性，以适应未来业务发展的变化。需求分析完成后，企业需制定系统建设的总体规划，包括项目时间表、资源配置、预算控制等内容。通过系统的需求分析与规划，企业能够为财务信息系统的构建奠定坚实的基础，确保后续步骤的顺利推进和系统最终的成功上线。

(二) 系统架构设计与技术选型

在完成系统需求分析与规划后，系统架构设计与技术选型成为财务信息系统构建的核心步骤之一。系统架构设计主要涉及系统的总体结构、数据流向、模块划分和技术架构等方面。在设计系统架构时，企业需要考虑如何将各个功能模块有机地整合在一起，确保系统运行的高效性和可靠性。例如在数据处理上，企业可以选择分布式架构，以提升系统的处理能力和响应速度；在数据存储上，可以采用云计算技术，以增强数据的存储灵活性和安全性。技术选型是系统架构设计的关键环节，企业需要根据需求选择合适的开发平台、数据库技术、网络架构和安全技术等。技术选型不仅要满足当前的功能需求，还应考虑未来的技术发展和系统升级的可能性。

(三) 系统集成与数据迁移

系统集成与数据迁移是财务信息系统构建中将设计转化为现实应用的重要步骤。在系统集成阶段，企业需要将各个独立开发的功能模块整合为一个整体系统，确保各模块之间的数据流通和功能协作无缝连接。系统集成的成功与否直接关系到整个系统的稳定性和功能完整性，因此在集成过程中，企业应进行充分的测试和调整，以发现并解决存在的兼容性问题和功能缺陷。数据迁移是系统集成过程中不可或缺的一部分，它涉及将企业现有的财务数据从旧系统或其他数据源转移到新构建的财务信息系统中。

数据迁移不仅要保证数据的完整性和准确性，还需确保数据在迁移过程中不会丢失或被篡改。企业应制定详细的数据迁移计划，包括数据清理、格式转换、试运行等环节，并在正式迁移前进行多次模拟演练，以确保数据迁移的顺利实施。通过有效的系统集成与数据迁移，企业能够实现新系统的全面上线，并为财务管理带来显著的效率提升[1]。

---

[1] Hepworth N. Debate: Improving financial management and internal control in developing and transition economy countries within the European Union sphere of influence [J]. Public Money & Management, 2018, 38 (2): 80-82.

二、财务信息系统中的控制点

财务信息系统中的控制点是确保数据安全、准确和完整的重要环节。关键控制点包括用户权限管理，限制未经授权的访问和操作；数据输入验证，防止数据录入错误；自动对账功能，确保系统内外账目一致；审计追踪，记录所有操作日志，便于追溯和审查；数据备份与恢复机制，保护数据免受丢失和损坏。通过这些控制点，财务信息系统能够有效防范错误和舞弊行为，维护信息的可信度和系统的稳定性。

（一）数据输入与处理的准确性控制

数据输入与处理的准确性控制是财务信息系统中最基础也是最关键的控制点，直接影响到整个系统的输出质量和财务决策的可靠性。确保数据输入的准确性，首先需要建立严格的数据输入标准和流程，包括统一的数据格式、明确的输入责任和详细的审核步骤。这些标准能够防止数据录入过程中的人为错误和不一致性问题。为进一步提升数据输入的准确性，企业可以采用自动化的数据采集工具，减少人工操作带来的误差。

实时数据验证机制也是不可或缺的，它通过系统内置的逻辑校验规则，能够在数据输入阶段自动识别和纠正明显的错误，确保进入系统的数据具有高准确性。数据处理的准确性则依赖于系统内部的数据处理算法和程序的严密性，这些算法和程序必须经过严格的测试和验证，确保在各种复杂情况下都能正确处理数据。通过强化数据输入与处理的准确性控制，企业可以确保财务信息系统的基础数据可靠，为后续的财务分析和决策提供坚实的保障。

（二）权限管理与操作控制

权限管理与操作控制是保障财务信息系统安全性和操作合规性的核心控制点。财务信息系统通常包含大量敏感数据，如企业的财务状况、现金流动、合同细节等，这些数据一旦泄露或被不当操作，导致严重的财务损失和法律风险。合理的权限管理至关重要。权限管理的核心是根据员工的职务、责任和工作需要，设置不同的访问权限和操作权限，确保每位用户只能访问和操作与其工作相关的数据和功能。企业应定期审查和更新权限设置，特别是在人员变动或职务调整时，及时调整权限，以防止权限滥用或遗留风险。操作控制机制能够记录和监控系统内所有用户的操作行为，确保操作过程透明、可追溯。通过日志记录和实时监控，企业可以及时发现异常操作，进行审计和纠正。

（三）交易处理与财务核算的自动化控制

交易处理与财务核算的自动化控制是提高财务信息系统效率和减少人为错误的重要控制点。传统的手工操作不仅耗时耗力，还容易出现错误，而自动化控制能够通过程序化的操作，大幅提升交易处理和财务核算的速度和准确性。自动化控制的实现依赖于强大的系统算法和高度集成的系统架构，这使得财务系统能够自动完成从交易录入、数据处理到财务核算的全过程。例如在应收账款管理中，系统可以自动根据销售订单生成应收账款记录，并在收到付款后自动进行匹配和结账；在成本核算中，系统可以自动按照预设的成本分摊规则进行成本归集和分摊，确保核算的准确性和一致性。自动化控制还能够实时更新财务数据，使得管理层能够随时获取最新的财务信息，做出及时的决策。通过交易处理与财务核算的自动化控制，企业不仅能够提高财务管理的效率，还能确保财务信息的准确性和完整性，减少人为干预带来的风险。

（四）数据输出与报告生成的审核控制

数据输出与报告生成的审核控制是确保财务信息系统最终输出结果准确性和可靠性的关键环节。财务信息系统的输出数据和生成的财务报告，是企业进行财务分析、绩效评估和战略决策的重要依据，这一环节的控制至关重要。系统在生成报告前需要经过多层次的审核机制，包括对输入数据的再核对、逻辑关系的验证以及异常数据的检查，确保所有输出数据的准确性。系统应具备自动化的报告生成功能，在确保报告格式标准化、内容完整性的减少人为操作带来的错误。报告生成后的审核程序同样不可或缺，企业应设置专门的审核流程，由财务部门、内部审计部门对生成的报告进行全面审查，确保报告内容的准确性、合规性以及与企业实际情况的匹配度。通过严格的数据输出与报告生成的审核控制，企业能够保证其财务信息系统提供的报告具有高度的可信度，为管理层和外部利益相关者提供准确可靠的决策依据。

三、财务信息系统的安全性管理

财务信息系统的安全性管理是保障敏感财务数据免受威胁的关键。应建立严格的访问控制机制，确保只有授权人员才能访问和操作财务数据。使用加密技术保护数据传输和存储，防止未经授权的窃取和篡改。实施强密码策略和多因素认证，提高系统的登录安全性。定期进行安全审计和漏洞扫描，及时发现和修复安全漏洞。设立数据备份和灾难恢复计划，确保在系统故障或数据丢失情况下能够迅速恢复正常操作。

（一）数据加密与存储安全

数据加密与存储安全是财务信息系统安全性管理的核心内容之一，直接关系到企业财务数据的保密性和完整性。随着信息化技术的不断发展，企业的财务数据量迅速增加，这些数据不仅包括日常的交易记录，还涉及企业的敏感财务报表、预算计划、现金流分析等。这些数据一旦遭遇泄露或篡改，导致严重的财务风险。数据加密成为保护财务数据的首要手段。

加密技术通过将明文数据转换为密文，确保即使数据在传输或存储过程中被截获，未经授权的人员也无法解读数据内容。企业应采用先进的加密算法，如AES（高级加密标准）或RSA（非对称加密算法），确保财务数据的高强度加密。存储安全也是关键环节，企业需要对财务数据的存储介质进行安全保护，包括数据库的加密存储、定期备份、和多重冗余存储策略，以防止数据丢失或损坏。通过完善的数据加密与存储安全措施，企业能够大幅度降低财务信息泄露的风险，确保财务信息系统的安全性和数据的长期可用性。

（二）访问控制与权限设置

访问控制与权限设置是财务信息系统安全性管理中的另一重要环节，旨在确保只有授权人员才能访问和操作与其职责相关的财务数据。随着企业规模的扩大和信息系统的复杂化，财务信息的访问权限管理变得尤为重要。合理的权限设置不仅能够防止内部人员因操作不当或恶意行为造成的安全漏洞，还能有效防范外部攻击者利用权限不足的账户进行非法操作。

企业在构建财务信息系统时，必须根据员工的岗位职责、工作需求和风险等级，划分不同的访问权限和操作权限，确保各级人员只能访问和处理与其职能相关的数据。例如财务经理可以访问和审批所有财务报表，但普通财务人员只能输入和核对特定的数据。企业应定期审查和更新权限设置，特别是在人员调动、岗位变更或离职时，及时调整或撤销相关人员的访问权限，防止权限滥用。通过严格的访问控制与权限设置，企业可以有效保护财务信息系统免受未经授权的访问，确保系统操作的合规性和数据的安全性。

（三）网络安全与防护措施

网络安全与防护措施是确保财务信息系统在互联环境中安全运行的重要组成部分。在信息化时代，财务信息系统通常通过网络与其他系统互联，进行数据传输和资源共享，这也使得系统容易成为网络攻击的目标。为了防范网络威胁，企业必须采取多层次的网络安全防护措施。企业应部署防火墙、入侵检测系统（IDS）和入侵防御系统（IPS），以监控和拦截来自外部的攻击行为，防止恶意软件和黑客入侵。企业应加强网络访问的加密，确保数据在传输过程中的安全性，防止数据被截获或篡改。定期进行网络安全审计和漏洞扫描也是必要的，通过对系统进行全面检查，及时发现并修复潜在的安全漏洞。企业还应开展员工网络安全培训，提升员工的安全意识，防止因人为疏忽导致的安全事件。通过全面的网络安全与防护措施，企业可以有效抵御各种网络威胁，保障财务信息系统的安全运行，确保财务数据的保密性、完整性和可用性。

四、财务信息系统的审计与监督

（一）系统内部控制审计

系统内部控制审计是确保财务信息系统有效运行的关键环节，它通过全面评估系统内的各项控制措施,确保财务数据的准确性、完整性和安全性。内部控制审计的主要目标是识别系统中的潜在漏洞和风险点,评估现有控制措施的有效性,并提出改进建议。审计过程通常包括对系统权限管理、数据输入与处理流程、交易处理和数据输出等关键控制点的全面检查。

审计人员会根据预设的审计标准和流程,检查系统是否严格执行了权限设置、是否存在未经授权的访问、数据处理是否符合规定流程、以及交易和财务核算是否自动化且无误。通过这些检查,审计能够发现系统内的薄弱环节,防止财务数据被篡改、误用或泄露。内部控制审计还能够帮助企业识别系统操作中的潜在风险,确保财务信息系统在日常运行中保持高效和安全。

(二)合规性检查与风险评估

合规性检查与风险评估是财务信息系统审计与监督的重要组成部分,旨在确保系统操作符合相关法律法规、行业标准和企业内部政策。合规性检查通常包括对财务报告、数据处理流程、存储安全性、信息披露等方面的审查,确保系统在处理财务信息时,遵循了所有适用的法律和标准。例如在数据存储和传输过程中,系统是否符合数据保护法规(如GDPR),在财务报告生成和披露时,是否遵循了会计准则和税务要求。风险评估则关注系统操作中的潜在风险,评估这些风险对企业财务健康和运营安全的影响。风险评估通常包括识别系统中出现的安全漏洞、操作错误、技术故障等,并根据这些风险的发生概率和潜在影响,制定相应的风险管理策略。通过合规性检查与风险评估,企业可以确保财务信息系统的运行不仅合规,而且能够有效抵御各种风险,保障企业财务信息的完整性和可靠性。

(三)定期审计与报告反馈机制

定期审计与报告反馈机制是确保财务信息系统长期稳定运行的重要手段。定期审计意味着企业在系统运行过程中,按预定的周期对系统进行全面检查和评估,通常包括季度、半年或年度审计。这些定期审计有助于及时发现系统运行中的问题,并在问题扩大之前进行修正。定期审计还能够检验前期审计建议的落实情况，确保系统持续符合企业的安全和操作标准。

在审计过程中审计人员应编制详细的审计报告，报告应包括审计发现的问题、风险评估结果、合规性检查的结果以及改进建议。报告完成后，应提交给企业管理层，并确保审计结果得到充分的讨论和反馈。管理层在接收到审计报告后，应迅速组织相关部门进行整改，并通过系统化的反馈机制，跟踪改进措施的落实情况。通过定期审计与报告反馈机制，企业可以确保财务信息系统始终保持在最佳运行状态，及时应对新出现的风险和挑战，提升系统的整体安全性和可靠性。

第三节　财务报告的编制与披露

一、财务报告的编制流程

财务报告的编制流程通常包括，收集来自各部门和会计系统的财务数据，确保数据的完整性和准确性。对数据进行分类和整理，包括收入、支出、资产和负债等项目。按照会计准则和组织政策，对财务数据进行分析和汇总，编制财务报表。编制完成后，报告需经过内部审查和审核，确保无误后提交给管理层和外部利益相关者，定期发布财务报告，为决策和对外披露提供依据。

（一）初步数据收集与整理

初步数据收集与整理是财务报告编制流程中的基础步骤，决定了后续报告的准确性和完整性。在这一阶段，企业需要从各个部门和业务单元收集相关的财务数据，这些数据包括收入、成本、费用、资产负债等核心财务信息。数据收集通常依赖于企业的财务信息系统，通过系统的自动化功能，将日常的财务交易数据进行汇总和分类。初步数据收集不仅仅是简单的数据聚合，还涉及对数据的整理与清洗，确保所有数据格式统一，内容完整，并排除重复或错误的数据项。通过系统化的收集与整理，企业能够为后续的财务数据核对和报表编制奠定坚实的基础，确保报告的源数据质量过关，避免因基础数据问题导致的财务报告偏差。

(二) 财务数据的核对与调整

财务数据的核对与调整是财务报告编制流程中的关键步骤，旨在确保数据的准确性和一致性。在完成初步数据收集后，企业需要对各类财务数据进行详细核对，特别是对数据的完整性、准确性和逻辑一致性进行检查。例如应收账款和应付账款的核对，收入和成本的匹配，资产和负债的对应关系等，都需要经过细致的审核。

核对过程还涉及对跨部门、跨业务单元的数据进行交叉验证，确保不同来源的数据一致。在核对过程中发现的任何数据异常或不一致问题，都需要及时调整和修正，保证所有财务数据在进入报表编制阶段前都已经过严格的验证。通过这一环节，企业能够确保最终的财务报告基于真实、准确的数据，为管理层和外部利益相关者提供可靠的财务信息。

(三) 财务报表的编制与审核

财务报表的编制与审核是财务报告编制流程的核心环节，涉及将核对和调整后的财务数据转换为标准化的财务报表。企业通常根据会计准则和内部财务政策编制资产负债表、利润表、现金流量表等关键财务报表。编制过程要求高度的准确性和严谨性，任何数据的错误或遗漏都对企业的财务状况产生重大影响。

编制完成后，财务报表需要经过多轮审核，这包括财务部门的初审、内部审计的复审以及外部审计的最终审核。审核的重点在于确保财务报表中的数据符合会计准则、反映企业的实际财务状况，并且所有科目和金额都经过准确的计算和合理的解释。通过严格的编制与审核流程，企业能够确保其财务报表的准确性和合规性，为后续的财务报告整合与发布打下坚实基础。

(四) 财务报告的整合与汇总

财务报告的整合与汇总是将各项财务报表和其他相关信息综合为一体的过程，形成最终的财务报告。在这一阶段，企业需要将独立编制和审核的财务报表进行统一整合，确保各报表之间的数据一致性和逻辑关联性。整合过程还涉及将管理层的分析、财务指标解释以及重要事项披露等内容纳入报告，确保报告内容全面覆盖企业的财务状况、经营成果和现金流量。

企业需要根据不同的报告要求（如年度报告、季度报告、合并报表等）进行不同层次的汇总和调整，确保报告能够满足各种利益相关者的需求。在整合过程中，企业还需特别注意报告的结构化和易读性，确保报告不仅数据准确，而且逻辑清晰，便于读者理解和使用。通过有效的整合与汇总，企业能够提供一份全面、详细且高度可信的财务报告。

（五）管理层的审阅与批准

管理层的审阅与批准是财务报告发布前的最后一个重要环节，确保报告内容全面、准确并符合企业的战略方向和合规要求。在此阶段，财务报告将提交给企业的高级管理层进行全面审阅，管理层需确认报告中的财务数据、分析结论以及重要事项的披露是否与企业的实际经营状况和未来战略相一致。管理层还需确保报告符合所有相关法律法规和行业标准，尤其是在信息披露和合规性方面。管理层的审阅不仅限于核对数据，还涉及对财务状况的深入分析，确定报告是否准确反映了企业的财务健康和未来风险。审阅完成后，管理层将批准报告，并授权进行发布。这一过程是确保财务报告的权威性和可信度的关键，确保企业向外部利益相关者传递真实、透明和合规的财务信息。

二、财务报告的披露要求

财务报告的披露要求旨在确保透明度和信息的可比性，为利益相关者提供准确和全面的财务信息。报告必须遵循相关会计准则和法规，如国际财务报告准则（IFRS）或公认会计原则（GAAP），确保一致性和合法性。披露的信息应包括财务状况、经营成果、现金流量以及所有重要财务事项和会计政策的详细说明。报告内容需真实、完整，避免误导或隐瞒。定期披露也是关键，通常为季度、半年或年度报告，确保及时性。通过这些披露要求，财务报告能够提供决策支持，维护企业的诚信和透明度。

（一）法律法规对财务报告披露的规定

法律法规对财务报告披露的规定是企业信息披露的基础，确保财务信息的透明性和合法性。各国的法律和法规对企业财务报告的披露内容、形式和程序有严格要求，企业必须遵循这些规定，以保证其财务报告的合法性和规范性。这些法律法规通常包括公司法、证券法以及其他与财务报告相关的规章制度，明确了企业在何时、以何种方式披露哪些财务信息。例如在大多数国家，上市公司需要定期发布季度、半年和年度财务报告，并在报告中包含详细的财务数据、管理层讨论与分析、风险因素等内容。法律还规定了财务报告的格式和语言，以确保信息的可理解性和可比性。通过遵守这些法律法规，企业能够确保其财务报告符合外部监管机构和投资者的要求，减少法律风险，并维护企业的市场声誉。

（二）会计准则的遵循与应用

会计准则的遵循与应用是财务报告披露的技术基础，确保财务信息的准确性和一致性。会计准则为财务报表的编制提供了详细的指导，规定了如何确认、计量、记录和报告企业的财务活动。全球广泛使用的会计准则包括国际财务报告准则（IFRS）和美国通用会计准则（GAAP），这些准则为企业提供了一套统一的会计规则，确保不同企业的财务报告具有可比性。

企业在编制财务报告时，必须严格遵循这些准则，确保报告中的每一项财务数据都符合准则的要求。例如收入的确认标准、资产的计量方式、负债的分类和计提等都必须按照会计准则进行处理。遵循会计准则不仅使财务报告更加规范和透明，还能够增强投资者和监管机构对财务信息的信任，从而支持企业的融资和资本运作。

（三）行业披露标准与最佳实践

行业披露标准与最佳实践是财务报告披露的行业规范，帮助企业在特定行业背景下提供更有价值的信息。不同的行业面临不同的运营风险和财务挑战，各行业通常会制定特定的披露标准，以确保行业内的企业能够提供有助于投资者决策的信息。例如金融行业需要更详细地披露资产质量、风险管理措施和资本充足率;而制造业则更关注生产成本、库存管理和供应链风险等内容。除了遵守行业标准,企业还应参考最佳披露实践,这些实践通常由行业领先企业或专业机构总结得出,代表了信息披露的高标准和高质量。通过遵循行业披露标准和最佳实践,企业不仅能够满足法律和监管要求,还能够在同行业中树立良好的形象,提升投资者对企业的信任和信心。

(四) 信息披露的完整性与透明性

信息披露的完整性与透明性是财务报告披露的核心要求,直接影响企业的信任度和市场声誉。完整性要求企业在财务报告中提供全面的信息,不得隐瞒或遗漏任何影响投资者决策的重大事项。这包括全面披露资产负债、收入成本、现金流、经营成果等各项财务数据,以及对财务状况产生重大影响的外部因素。透明性则要求企业以清晰、易于理解的方式披露财务信息,避免使用引起误解或混淆的复杂术语或技术性表达。为实现透明性,企业应遵循简明扼要、层次分明的披露原则,使报告内容结构合理、逻辑清晰,确保所有读者,特别是非专业投资者,能够充分理解财务信息的含义。通过维护信息披露的完整性与透明性,企业能够有效提升其在资本市场中的公信力,赢得投资者和公众的广泛信任[①]。

三、财务报告中的内部控制

财务报告中的内部控制是确保报告信息的准确性、完整性和可靠性的关键。设立规范的会计流程和准则,确保财务数据的收集和处理符合标准。实施多层级的审核和审批机制,确保报告中没有错误或虚假陈述。数据输入验证和自动对账功能帮助防止数据录入错误和内部账实不符。设立责任分离制度,确保关键岗位之间的相互制约,防止舞弊和疏漏。定期内部审计和监控,加强对财务报告流程的监督,确保内控制度的执行。

---

① Agyei-Mensah K B . Accountability and internal control in religious organisations: a study of Methodist church Ghana [J]. African J. of Accounting, Auditing and Finance, 2016, 5 (2): 95–112.

（一）数据输入与处理的控制机制

数据输入与处理的控制机制是确保财务报告准确性和可靠性的首要环节。财务报告中的数据来源广泛，包括企业的各项日常交易、财务活动以及各类业务数据，这些数据的准确输入和处理直接关系到最终报告的质量。为了保证数据的准确性，企业需要建立严格的数据输入流程和标准，确保每一项数据在录入系统时经过验证和审核。自动化的数据处理工具能够减少人工操作中的错误，提高数据处理的效率和精确度。企业应采用自动校验和对比功能，及时发现并纠正数据中的异常或错误，确保所有数据在进入财务报告编制阶段前已经过严格的控制和处理。这种机制不仅保障了财务信息的准确性，也为企业的财务报告提供了坚实的数据基础，避免因数据错误导致的财务信息失真。

（二）财务报表编制过程中的合规控制

财务报表编制过程中的合规控制是确保财务报告符合会计准则和法律法规的重要措施。合规控制涉及对财务报表编制过程中各个环节的监督和审查，确保财务数据的处理和报告生成严格遵循相关的会计标准、税务法规和内部政策。企业必须在报表编制过程中，设立多重审核机制，对各项财务数据的处理方法、报表科目的分类、计量和确认过程进行全面检查，确保所有操作符合规定的会计准则。

例如在收入确认、资产减值计提、负债分类等关键环节，合规控制可以有效防止因错误操作或不当处理导致的财务数据失真或误导。合规控制还包括对财务报告中披露内容的审查，确保信息披露的完整性、准确性和透明性。通过严格的合规控制，企业能够确保其财务报告不仅准确反映了其财务状况和经营成果，还符合外部监管机构和投资者的期望，降低法律和合规风险。

（三）权限管理与操作的审计控制

权限管理与操作的审计控制是确保财务信息系统和财务报告编制过程安全性和操作合规性的关键手段。在财务报告的编制过程中，不同人员涉及不同的数据处理和报表编制任务，合理的权限管理至关重要。企业应根据岗位职责和业务需求，严格设定和分配权限，确保每个用户只能访问和处理其工作所需的财务数据和功能模块，防止未经授权的访问和操作。

审计控制机制应记录所有重要操作的日志，包括数据输入、修改、删除和报表生成等关键操作，这些日志不仅为后续审计提供了依据，也能实时监控操作中的异常行为。一旦发现异常或不合规操作，系统应及时发出警报，相关部门可以迅速采取措施加以修正。通过完善的权限管理和操作审计控制，企业可以有效防范内部人员的操作风险，保障财务报告编制过程的透明性和安全性。

（四）财务数据核对与交叉验证

财务数据核对与交叉验证是确保财务报告准确性和一致性的必备措施。企业在编制财务报告时，通常会涉及多个数据来源和财务系统，这些数据在汇总过程中容易出现差异或不一致的情况。为了确保最终报告的准确性，企业需要在数据处理和报表编制的各个环节中，进行严格的核对和交叉验证。例如在编制资产负债表时，企业应核对各类资产和负债数据与总账数据是否一致；在编制利润表时，应核对收入和成本的记录是否与实际发生的业务相符。企业还应对跨部门、跨系统的数据进行交叉验证，确保所有数据在不同系统和报表中的一致性。通过多重核对和验证，企业能够及时发现并纠正数据中的错误和异常，确保财务报告的准确性和完整性，为管理层和外部利益相关者提供可靠的财务信息。

四、财务报告的透明度与公众监督

财务报告的透明度与公众监督是提升组织信任度和合规性的关键要素。透明度要求企业真实、全面地披露财务信息，包括资产负债、利润情况和现金流等，避免隐瞒或夸大，确保信息清晰易懂。定期发布财务报告，如季度和年度报告，确保信息的及时性。公众监督则通过投资者、分析师、监管机构和媒体的审查，确保财务报告的真实性和完整性。积极回应公众和监管机构的质询，增强企业信息披露的开放性。

（一）透明度的法律要求与合规性

财务报告的透明度是现代企业信息披露的重要原则之一，也是法律法规对企业的基本要求。各国法律和监管机构通常对企业财务报告的透明度有明确的规定，要求企业必须以真实、准确和完整的方式披露其财务状况、经营成果和现金流量等信息。透明度的法律要求不仅体现在企业财务报表的编制和披露上，还包括对重大事项、关联交易、风险因素等重要信息的公开披露。

企业必须严格遵守这些法律规定，以确保其财务信息的公开和透明，避免因信息披露不充分或不准确而面临法律风险和公众质疑。透明度的合规性还要求企业在信息披露过程中，遵循会计准则和行业标准，确保财务报告在技术上符合要求，在内容上满足公众和监管机构的期望。通过严格遵守透明度的法律要求和合规性规定，企业不仅可以提高其在市场中的公信力，还能够有效防范因信息披露不当带来的法律和声誉风险。

（二）财务信息透明度的评估标准

财务信息透明度的评估标准是衡量企业信息披露质量的重要工具，帮助企业和外部利益相关者判断财务报告的透明性和可信度。透明度的评估标准通常包括几个关键维度，如信息的全面性、准确性、及时性和易读性。全面性要求企业在财务报告中披露所有重要的财务数据和事项，确保信息的完整性；准确性要求财务数据和披露的内容真实可靠，避免夸大或隐瞒；及时性强调信息披露应符合规定的时间要求，以便公众和投资者及时获取最新的财务信息；易读性则关注信息披露的表达方式，要求报告内容简明扼要、结构合理，便于读者理解。企业可以通过内部审计、外部审计和第三方评估等方式，对财务报告的透明度进行定期评估，并根据评估结果不断改进信息披露的质量和效果。通过明确的透明度评估标准，企业不仅可以提高财务信息的披露质量，还能增强公众和投资者对企业的信任和信心。

（三）信息披露的准确性与及时性

信息披露的准确性与及时性是财务报告透明度的重要组成部分，直接影响公众对企业财务状况的认知和判断。准确性要求企业在财务报告中披露的所有数据和信息都必须真实可靠，不得存在任何虚假或误导性陈述。为确保准确性，企业应建立严格的数据核对和审计机制，确保每一项数据在报告前都经过多重审核和验证。及时性则要求企业在规定的时间内披露财务信息，特别是涉及重大事项和风险的披露，必须在事件发生后及时公开，以确保公众和投资者能够在第一时间了解企业的最新动态。企业需要制定详细的信息披露时间表，并严格执行，避免因延迟披露而导致信息失效或引发市场波动。通过确保信息披露的准确性与及时性，企业可以有效提升其财务报告的透明度，增强外部利益相关者对企业的信赖，维护企业的市场声誉和形象。

（四）公众监督与反馈机制的建立

公众监督与反馈机制的建立是保障财务报告透明度的重要途径，能够帮助企业及时发现并纠正信息披露中的不足。公众监督包括来自股东、投资者、分析师、媒体和其他利益相关者的审视和评价，这些外部监督力量可以为企业的信息披露提供有效的外部压力和改进建议。为了充分发挥公众监督的作用，企业应建立健全的反馈机制，主动收集公众对财务报告的意见和建议，并将这些反馈纳入企业的信息披露改进计划中。

企业可以通过定期的股东大会、投资者会议、在线交流平台等方式，与公众进行沟通，解答他们的疑问，并听取他们的反馈。企业还应设立专门的反馈处理部门或人员，负责跟进和落实公众的反馈意见，确保所有的建议都能够得到及时的处理和回应。通过有效的公众监督与反馈机制，企业可以不断提升财务信息披露的透明度，增强与公众的互动和信任，促进企业的持续健康发展。

第四节 财务信息管理的挑战与对策

一、财务信息管理面临的主要挑战

（一）数据复杂性与多样化的管理难题

在现代企业环境中财务信息的来源和类型日益多样化，数据复杂性大幅提升，给财务信息管理带来了前所未有的挑战。随着企业业务的全球化和多元化发展，财务数据不仅包括传统的财务报表、预算和成本数据，还涵盖了从客户关系管理系统、供应链管理系统以及市场数据分析工具中获取的大量非结构化数据。

面对这些复杂且多样的数据，企业财务部门需要在管理和分析方面投入更多的资源和技术，以确保数据的准确性和一致性。由于各类数据源的格式、结构和存储方式各不相同，数据整合和处理变得极为复杂，常常导致数据质量问题，如数据冗余、不一致性和数据孤岛的出现。这种复杂性增加了企业在财务分析、决策支持和报表编制中的难度，影响了财务信息的可靠性和有效性。

随着数据类型的扩展，财务信息管理系统面临着如何有效存储、处理和分析这些数据的技术挑战。传统的财务管理系统往往难以应对大量非结构化数据的处理需求，如文本、图像、视频等。这些数据虽然在决策支持中日益重要，但其管理难度远高于结构化数据。企业需要升级其信息系统，引入能够处理大数据和非结构化数据的先进技术，如数据仓库、云计算和人工智能，以应对这些新型数据的管理挑战。数据复杂性还要求财务人员具备更高的数据处理和分析能力，需要通过培训和引入新技术工具来提升团队的能力，以确保财务信息的完整性和准确性。

在应对数据复杂性与多样化的挑战时，企业不仅需要投入大量资源和技术，还需在管理模式上进行创新。例如构建统一的数据管理平台，打通各个业务部门的数据壁垒，实现数据的集成和共享，可以有效降低数据管理的复杂性。制定严格的数据管理政策和标准，确保各类数据在采集、处理和存储过程中始终保持高质量，也有助于提高数据管理的效率和效果。通过综合运用技术手段和管理创新，企业可以更好地应对数据复杂性和多样化带来的管理难题，提升财务信息管理的整体水平。

（二）信息准确性与实时性需求的提升

在数字化和信息化的推动下，企业对财务信息的准确性和实时性提出了更高的要求，这对财务管理部门而言构成了重大挑战。准确的财务信息是企业进行战略决策、财务分析和资源分配的基础，任何数据错误或延迟都导致错误的决策，进而影响企业的整体绩效。传统的财务信息管理往往依赖于定期的财务报表和历史数据，这种模式难以满足现代企业对实时财务信息的需求。随着市场环境的加速变化，企业管理层需要实时掌握财务状况，以便及时应对市场机会和风险。财务信息管理系统必须能够提供实时数据更新和高精度的数据分析功能，以支持快速决策。

为了提升财务信息的准确性和实时性，企业需要引入更加智能化和自动化的管理工具。这些工具能够自动从各类业务系统中采集数据，并通过先进的算法和技术进行数据清洗、处理和分析，确保数据的准确性和一致性。实时数据流的管理也是一个重要的环节，企业需要构建强大的数据基础设施，确保财务信息能够实时更新，并通过仪表盘、报表等形式即时呈现给决策者。尽管这些技术可以极大地提升信息的准确性和实时性，但它们的实施和管理却并非易事，涉及复杂的系统集成、数据治理以及IT基础设施的优化。

信息准确性与实时性需求的提升也带来了显著的管理难题。实时数据的获取和处理需要高度可靠的技术支持，包括高性能的计算能力、稳定的数据传输网络以及有效的数据存储和备份机制。任何一个环节的故障都影响财务信息的实时性和准确性。随着数据处理速度的加快，信息的监控和管理难度也随之增加，特别是在数据安全和隐私保护方面，企业需要采取更加严格的措施，以防止数据泄露或滥用。员工的技术素养也是一个挑战，财务部门人员需要掌握新技术的使用方法，并能够有效应对日益复杂的工作环境。为了应对这些挑战，企业不仅需要加强技术投入，还需在组织结构和管理流程上进行相应调整，确保财务信息管理系统能够平稳运行，满足企业对准确性和实时性的高要求。

（三）数据安全与隐私保护的挑战

随着企业财务信息管理系统日益数字化和互联化，数据安全与隐私保护的挑战愈发突出。财务数据通常涉及企业的核心机密，包括收入、支出、利润、成本、资产负债等关键财务信息，以及涉及客户、供应商、员工等各方的敏感数据。如果这些数据遭到泄露或篡改，不仅导致企业蒙受巨大的经济损失，还严重损害企业的声誉，并引发法律纠纷。如何有效保护财务信息的安全性和隐私性，成为了企业在信息化管理中的一项重大挑战。

数据安全挑战主要体现在网络攻击、数据泄露和内部人员的不当行为等方面。随着网络攻击技术的不断升级，企业财务信息系统面临着越来越复杂和多样化的威胁，如勒索软件攻击、钓鱼攻击和数据篡改等。这些攻击不仅能够窃取敏感数据，还导致系统瘫痪，影响企业的正常运营。为了应对这些威胁，企业必须加强网络安全防护措施，包括部署防火墙、入侵检测系统、加密技术等。企业还需建立严格的访问控制机制，确保只有授权人员才能访问敏感财务数据，并通过日志记录和审计追踪来监控和检测任何异常行为。

隐私保护方面的挑战则主要体现在合规性和数据使用管理上。随着各国数据保护法规的出台，如欧盟的《通用数据保护条例》（GDPR）和中国的《数据安全法》，企业在处理个人数据时必须遵循严格的法律规定。企业需要确保其财务信息管理系统在数据收集、处理、存储和传输过程中，遵守所有适用的隐私保护法规，并采取必要的技术和组织措施，防止个人数据的泄露、滥用或非法访问。这不仅包括对客户和员工数据的保护，还涉及对供应商、合作伙伴等外部数据的管理。合规性要求企业不断更新其隐私政策和数据处理流程，以应对日益严峻的隐私保护挑战。

二、应对信息化管理的策略

应对信息化管理的策略应综合考虑技术、人员和流程三个方面。技术层面需采用先进的信息系统和管理软件，确保数据的自动化处理和实时监控。部署网络安全措施，如防火墙、加密技术和定期漏洞扫描，保护信息安全。在人员层面开展员工培训，提升其信息化操作技能和数据安全意识。明确岗位职责，确保信息化管理流程中的职责分离和相互监督。优化业务流程，简化工作环节，减少人为干预，提高信息处理的效率和准确性。定期评估和改进信息化管理策略，确保其与组织目标和外部环境的变化相适应，从而有效支持企业的长期发展和竞争优势。

（一）建立统一的信息管理平台

建立统一的信息管理平台是应对信息化管理挑战的核心策略之一，它能够有效整合企业各部门和业务单元的财务信息，打破信息孤岛，实现数据的集中管理和共享。一个统一的信息管理平台不仅可以集成不同的业务系统，还能提供一个标准化的数据接口，确保各类财务数据能够无缝衔接和流动。这种整合有助于提升数据的准确性和一致性，减少因信息不对称导致的管理决策失误。统一的平台还能提供实时数据分析和可视化工具，帮助管理层快速获取关键信息，从而做出及时和准确的决策。

在实施统一信息管理平台时，企业需要充分考虑现有业务系统的兼容性和扩展性。平台设计应以模块化和可扩展性为原则，能够灵活应对未来业务发展和技术升级的需求。例如平台可以通过云计算技术实现数据的集中存储和处理，支持各业务单元的实时数据上传和同步。平台的建设还应注重数据安全和隐私保护，通过加密技术、权限管理和审计跟踪等手段，确保财务信息在传输和存储过程中的安全性。通过建立统一的信息管理平台，企业能够实现数据的高度整合和集中管理，提升财务信息管理的整体效率和决策支持能力。

（二）加强数据治理与标准化管理

加强数据治理与标准化管理是信息化管理成功的基础，它能够有效提升数据质量，确保数据在整个企业范围内的统一性和可靠性。数据治理包括对数据的采集、存储、处理和使用进行全生命周期的管理，确保数据的完整性、一致性和可用性。通过数据治理，企业可以建立统一的数据标准和规范，消除各部门之间的数据差异和冲突，确保所有业务单元都使用相同的数据标准进行财务信息的处理和报告。标准化管理还可以帮助企业简化信息处理流程，减少人为错误，提高工作效率。

实施数据治理和标准化管理的首要任务是制定和推广统一的数据标准。企业应根据自身业务需求和行业惯例，制定涵盖数据格式、数据字段定义、数据质量标准等方面的统一规范。这些规范应在企业内得到广泛的理解和执行，确保各部门在数据采集、处理和报告过程中严格遵循相同的标准。为了确保数据治理的有效性，企业还应设立专门的数据管理团队，负责监督和协调各部门的数据治理工作，并定期对数据标准的执行情况进行检查和评估。企业应建立数据质量控制机制，通过定期的数据审核和清洗，及时发现和纠正数据中的错误和不一致，确保数据的准确性和可靠性。

（三）优化信息处理流程与自动化技术应用

优化信息处理流程与自动化技术应用是应对信息化管理挑战的重要策略之一，旨在提高财务信息管理的效率和准确性。在信息化管理过程中，传统的手工操作和复杂的流程往往成为管理效率的瓶颈。企业需要通过流程优化和自动化技术的应用，简化信息处理流程，减少人为干预，提升信息处理的速度和质量。自动化技术不仅能够降低成本，还能减少数据处理中的错误，确保信息的实时性和准确性，从而为企业决策提供更加可靠的支持。

信息处理流程优化的关键在于流程再造和自动化工具的引入。企业应对现有的财务信息处理流程进行全面审查，识别流程中的冗余环节和效率低下的步骤，并通过流程再造简化操作流程。例如将信息采集、数据处理、报告生成等环节进行整合，通过统一的信息管理平台实现一体化管理，减少不必要的流程转换。自动化技术的应用则是信息处理流程优化的重要手段，如机器人流程自动化（RPA）、人工智能（AI）和大数据分析等技术的引入，可以帮助企业实现信息处理的自动化和智能化。这些技术能够自动完成数据采集、清洗、分析和报告生成等工作，极大地提高了信息处理的效率和精确度。

三、信息系统升级与安全措施

信息系统升级与安全措施是确保系统性能提升和数据安全的关键步骤，在系统升级前进行全面需求分析，确保新系统能满足当前和未来业务需求，并提高数据处理速度和效率。选择可靠的系统供应商和技术合作伙伴，确保升级过程平稳、无缝衔接。安全措施方面，应实施多层次的网络安全防护，包括防火墙、入侵检测系统和反恶意软件。使用数据加密技术保护敏感信息，防止未经授权的访问。定期更新安全补丁和进行系统漏洞扫描，及时修复潜在安全隐患。

（一）系统升级的规划与实施策略

系统升级是企业信息化管理的关键环节，其成败直接影响到财务信息管理的效率和安全性。在快速变化的技术环境中，企业需要通过系统升级来保持信息管理系统的先进性和竞争力。系统升级往往伴随着复杂的实施过程和潜在的业务中断风险，制定科学的升级规划和实施策略至关重要。企业首先应进行全面的需求分析，明确系统升级的目标和范围，识别现有系统的不足之处以及未来面临的技术挑战。基于此，制定详细的升级计划，包括时间表、资源配置、风险管理和应急预案等内容，确保系统升级能够顺利进行。

在实施系统升级时企业应采取分阶段推进的策略，以减少对日常业务运营的影响。可以选择在业务低峰期进行升级，避免因系统不可用而导致的业务中断。企业应在升级前进行全面的测试和模拟运行，确保新系统在实际环境中能够稳定运行，并与现有业务流程和数据无缝对接。升级过程中应设立专门的技术支持团队，随时应对出现的技术问题和突发状况，确保升级过程中的问题能够得到及时解决，减少对业务的影响。

系统升级完成后企业还需进行全面的系统验证和性能评估，确保新系统达到了预期的功能和性能标准。在此基础上，企业应制定长期的系统维护和更新计划，定期对系统进行优化和调整，以适应业务发展的需求和技术进步的变化。通过科学的规划和实施策略，企业不仅能够成功完成信息系统的升级，还能为未来的业务发展奠定坚实的技术基础。

（二）数据备份与恢复机制的强化

数据备份与恢复机制是信息系统安全管理的核心要素，直接关系到企业在突发事件中能否有效保护和恢复关键财务数据。随着数据在企业运营中扮演越来越重要的角色，确保数据的可用性和完整性已成为企业管理的重中之重。在此背景下，企业需要建立健全的数据备份与恢复机制，以防范各种导致数据丢失或损坏的风险，如硬件故障、网络攻击、自然灾害或人为错误。

企业应制定明确的数据备份策略，确定哪些数据需要备份、备份的频率、备份存储的介质以及备份的保管期限等关键因素。企业应采用全量备份与增量备份相结合的方式，既保证数据的完整性，又提高备份效率，减少存储成本。为了进一步增强数据安全性，企业还应采取多地点备份策略，将备份数据存储在异地或云端，防止因单一地点灾害导致的数据全部丢失。企业还需定期检查备份数据的完整性和可用性，确保备份文件在需要时能够顺利恢复。

在数据恢复机制方面，企业应制定详细的恢复计划，明确数据恢复的优先级和步骤，以及在不同灾难情况下的应急响应措施。企业需要定期进行数据恢复演练，验证恢复计划的有效性和操作性，确保在实际灾难发生时，数据恢复能够快速、准确地完成，最大限度地减少业务中断和数据损失的影响。通过强化数据备份与恢复机制，企业能够大幅提升信息系统的安全性和可靠性，为应对各类突发事件做好充分准备。

（三）网络安全防护与入侵检测系统的应用

网络安全防护与入侵检测系统是确保企业信息系统免受外部威胁的重要技术手段。在信息化时代，网络攻击的频率和复杂性不断增加，企业信息系统面临着日益严峻的安全挑战。为了保护企业的核心财务数据和其他敏感信息，企业需要建立完善的网络安全防护体系，并部署先进的入侵检测系统，实时监控和防御网络威胁。

网络安全防护体系的建设应涵盖多个层次，包括网络边界的防护、内部网络的隔离、数据传输的加密、用户访问的控制等。在网络边界防护方面，企业应配置防火墙、虚拟专用网络（VPN）等设备，以防止未经授权的外部访问和数据泄露。企业还应实施严格的内部网络隔离策略，将不同业务部门的网络分隔开来，防止内部威胁在企业内部网络中扩散。企业需要对所有数据传输进行加密处理，确保数据在传输过程中的安全性。

入侵检测系统（IDS）是网络安全防护的关键工具，能够实时监控网络流量和系统活动，识别并响应潜在的安全威胁。企业应选择适合自身业务需求的入侵检测系统，并将其集成到现有的安全防护体系中。入侵检测系统可以通过分析网络行为、检测异常活动、识别已知攻击模式等方式，及时发现并阻止潜在的网络攻击。企业还应定期更新入侵检测系统的规则库，以应对不断演变的网络威胁。

（四）持续监控与风险预警系统的建立

持续监控与风险预警系统是确保企业信息系统安全和稳定运行的重要策略，

能够帮助企业及时发现潜在问题，防患于未然。随着信息系统的复杂性不断增加，企业需要依赖持续的系统监控和风险预警机制，来实时掌握系统运行状态，预防出现的故障和安全事件。

企业在建立持续监控系统时，应全面覆盖关键财务信息系统的各个方面，包括硬件设备的运行状态、软件系统的性能指标、网络流量的异常变化等。通过部署先进的监控工具，企业可以实现对系统的全天候监控，自动捕捉和记录任何异常行为或性能波动。监控系统应具备高度的自动化和智能化能力，能够自动生成警报并向相关人员发送通知，确保问题在第一时间得到处理。企业还应建立一套完整的监控日志记录和分析机制，通过对历史数据的分析，识别潜在的风险趋势，为未来的风险防控提供数据支持。

风险预警系统是持续监控的延伸，旨在通过提前识别和评估的风险，为企业提供预警信息。企业应基于风险评估结果，制定明确的风险预警指标和触发条件，如系统负载超过阈值、网络攻击次数增加等。当这些预警指标被触发时，风险预警系统应及时发出警报，并启动相应的应急响应程序，确保风险得到及时控制和处理。为了提升风险预警的准确性和及时性，企业还应引入人工智能和大数据分析技术，通过对大量数据的实时分析和预测，自动识别潜在风险并提供应对建议。通过建立持续监控与风险预警系统，企业能够构建一个全面的安全防护体系，确保信息系统的稳定运行和数据安全，为企业的可持续发展提供强有力的保障。

四、财务信息管理与内部控制的未来发展方向

财务信息管理与内部控制的未来发展方向将更加注重智能化、自动化和数据驱动的管理方式。随着人工智能、大数据和区块链技术的不断进步，财务信息管理将更加依赖于自动化的数据处理和智能分析，实现实时监控和精准预测，减少人工干预和错误。内部控制将进一步集成到信息系统中，形成全方位、无缝隙的风险管理和控制网络。区块链技术的应用将提高数据透明度和防篡改性，增强信息的可靠性和安全性。

（一）智能化与自动化技术的深度融合

随着科技的快速发展，智能化与自动化技术在财务信息管理和内部控制中的应用日益普及，未来的财务管理将进一步深化这一趋势。人工智能（AI）、机器人流程自动化（RPA）和机器学习等技术的应用，正在彻底改变财务数据的处理方式和内部控制的执行流程。这些技术不仅能够自动化地执行复杂的财务任务，如数据录入、报表生成、合规审查等，还可以通过自学习算法不断优化和改进操作流程，从而提升工作效率和准确性。

未来，智能化与自动化技术将在财务信息管理中发挥更为关键的作用。例如通过 AI 驱动的数据分析工具，企业可以实时监控和分析大量的财务数据，迅速发现潜在的风险和问题，并提出有效的解决方案。自动化技术可以减少人工操作带来的错误和延迟，确保财务信息处理的高效性和精确性。智能化系统还可以通过自然语言处理技术自动生成财务报告，并对异常数据进行预警和解释，大幅度降低财务人员的工作负担，使他们能够将更多精力投入到战略性决策中。

智能化与自动化技术的深度融合也带来了一些挑战，特别是在技术实施和数据管理方面。企业需要投入大量资源来升级其信息系统，确保这些新技术能够无缝集成到现有的管理流程中。数据的准确性和安全性依然是智能化系统运行的基石，企业必须建立完善的数据管理和安全保护机制，防止数据泄露和系统故障。通过持续推进智能化与自动化技术的深度融合，企业将能够实现财务信息管理的数字化转型，提升内部控制的效果和效率，增强企业的竞争力。

（二）大数据分析与决策支持的创新应用

大数据分析技术正在迅速成为财务信息管理和内部控制的核心工具，它为企业提供了前所未有的决策支持能力。通过对海量财务数据的分析，企业可以深入了解其财务状况、运营效率和市场环境，从而做出更为精准和科学的决策。未来，大数据技术的进一步发展将使得财务信息管理更加实时化、精准化和智能化，为企业内部控制提供更强有力的支持。

大数据分析的应用不仅限于传统的财务数据，还包括非结构化数据的处理和分析，如市场趋势、客户反馈、社交媒体数据等。这些数据来源的多样性使得企业能够从多个角度审视其财务状况和市场表现。例如企业可以通过大数据分析预测市场需求的变化，优化资金配置，提高财务资源的使用效率。大数据技术还可以帮助企业识别和评估潜在的财务风险，提供风险预警，并为风险管理策略的制定提供数据支持。

（三）跨平台信息共享与区块链技术的应用

跨平台信息共享和区块链技术的应用为财务信息管理和内部控制开辟了新的发展方向。随着企业运营环境的日益复杂，跨部门、跨地域的信息共享需求日益增加，传统的财务信息管理系统难以应对这一挑战。区块链技术以其去中心化、不可篡改和透明的特点，成为解决这一问题的关键工具。通过区块链技术，企业可以在不同平台之间实现安全、高效的信息共享，确保各方数据的一致性和完整性，从而提升内部控制的有效性和财务管理的透明度。

区块链技术在财务信息管理中的应用主要体现在账目记录、合同管理和审计流程等方面。区块链技术可以实现财务交易的实时记录和自动对账，消除人工对账的繁琐过程，提升账目管理的准确性和效率。智能合约功能可以将企业的财务合同自动执行和记录在区块链上，确保合同条款的执行透明可追溯，减少合同违约的风险。区块链技术还可以显著提升审计流程的透明度和效率，审计人员可以通过区块链直接访问企业的财务记录，实时审计财务活动，降低审计成本，提高审计质量。

跨平台信息共享和区块链技术的应用也面临着技术实现和监管合规的挑战。企业在实施区块链技术时，需要解决技术集成、数据隐私保护和法律合规等问题，企业还需要与外部合作伙伴、监管机构等建立密切合作，推动区块链技术在行业中的标准化应用。通过积极推动跨平台信息共享和区块链技术的应用，企业将能够进一步提升财务信息管理和内部控制的效率和透明度，增强企业的市场竞争力和创新能力。

结 语

《事业单位财务管理与内部控制研究》以全面系统的视角，深入探讨了事业单位财务管理与内部控制的理论基础、现实问题及其优化路径。通过对事业单位财务管理与内部控制的理论演变、现实实践以及面临的挑战进行系统分析，旨在为事业单位管理者提供科学、有效的管理思路和方法，以提升单位的财务管理水平和内部控制效能。

在当今社会经济环境日益复杂和多变的背景下，事业单位作为公共服务的重要提供者，其财务管理的规范化和内部控制的有效性显得尤为重要。事业单位不同于企业，其财务管理不仅涉及资金的安全和有效使用，还要兼顾社会效益和公益目标的实现。构建一个科学、合理的财务管理与内部控制体系，既是保障事业单位健康运行的必要条件，也是提升其管理水平和社会公信力的重要手段。

通过对事业单位财务管理与内部控制的全面探讨，本书提出了诸多针对性强、操作性高的建议与策略。这些建议不仅基于对当前管理实践的深入分析，更是对未来发展趋势的前瞻性思考。事业单位的财务管理和内部控制需要在遵循国家政策法规的基础上，结合自身的实际情况，灵活运用现代化管理工具和技术手段，以提高管理效率，防范财务风险，确保资金的合理配置和有效使用。

本书强调了信息化在财务管理与内部控制中的重要作用。随着信息技术的飞速发展，事业单位的财务管理和内部控制正在向数字化、智能化方向转变。信息系统的广泛应用，不仅能够提高财务数据处理的准确性和及时性，还能为内部控制提供强有力的支持，降低人为操作失误和舞弊风险。事业单位需要不断推进信息化建设，完善财务信息系统，提升内部控制的精细化管理水平。

本书希望通过对事业单位财务管理与内部控制的深入探讨，能够为相关理论研究提供新的思路和方法，为事业单位的管理实践提供可操作的指导意见。未来，随着社会经济环境的不断变化，事业单位的财务管理和内部控制将面临更多新的挑战和机遇。希望本书的研究成果能够为事业单位应对这些挑战、抓住发展机遇提供有力的理论支持和实践参考。

相信随着财务管理与内部控制体系的不断完善和发展，事业单位将能够更加有效地履行其社会职责，更好地服务于社会公众，实现自身的可持续发展。在这个过程中，财务管理与内部控制的研究也将不断深入，持续为事业单位的现代化治理贡献智慧和力量。

参考文献

[1] 冯勋. 内部控制制度在事业单位财务管理中的应用 [J]. 经济与社会发展研究, 2023 (25): 41-43.

[2] 邬芳炜. 关于事业单位财务管理内部控制的实施及相关问题的研究 [J]. 中文科技期刊数据库（全文版）经济管理, 2023 (3): 3.

[3] 张艳. 基于内部控制的事业单位财务管理体制改革研究 [J]. 中国管理信息化, 2023, 26 (19): 60-63.

[4] 冯亮. 行政事业单位财务管理内部控制与风险防范对策 [J]. 国际援助, 2022 (23): 16-18.

[5] 程璐. 内控视角下行政事业单位财政财务管理模式优化探析 [C]. 新时代背景下社会与经济可持续发展研讨会论文集. 2024.

[6] 王后琴. 探讨事业单位内部控制体系的构建与完善 [J]. 品牌研究, 2023. (23): 19-23.

[7] 冯杰. 全面预算管理对事业单位财务管理的影响及对策研究 [J]. 社会科学前沿, 2024, 13 (7): 5.

[8] 孙铭. 事业单位财务共享服务中心建设研究 [D]. 东北财经大学, 2022.

[9] 于海霞. 对行政事业单位会计人员素质的研究 [J]. 学术期刊, 2022 (10).

[10] 罗达庄. 事业单位财务管理与内部控制探讨 [J]. 经济与社会发展研究, 2023 (26): 46-48.

[11] 李海萍. 内部控制视角下 G 事业单位财务管理及风险防范研究 [J]. 会计师, 2023 (14): 103-105.

[12] 田媛. 行政事业单位财务管理内部控制与风险防范路径探究 [J]. 金融客, 2023 (2): 93-95.

[13] 周静. 行政事业单位财务管理内部控制建设与风险防范策略探究 [J]. 财富生活, 2023 (12): 106-108.

[14] 张文莲. 新形势下事业单位财务管理内部控制体系构建研究 [J]. 今商圈,

2023（1）：88-91.

[15] 李鸽. 内部控制视角下事业单位财务管理研究［J］. 财务管理研究，2023（7）：132-136.

[16] 魏桂艳. 内部控制视角下行政事业单位财务管理研究［J］. 中国科技投资，2023（6）：46-48.

[17] 钦垚飞，蔡梦娜. 内部控制视角下地质调查事业单位财务管理研究［J］. 中国科技投资，2023（28）：41-43.

[18] 张云霄. 新政府会计制度下行政事业单位强化财务管理内部控制的路径研究［J］. 品牌研究，2023（33）：223-225.

[19] 古艳. 行政事业单位财务管理内部控制与风险防范［J］. 管理学家，2023（1）：79-81.

[20] 卯红红，张正武. 事业单位财务管理与内部控制相关问题分析［J］. 纳税，2023（21）：82-84.

[21] Financial Management and Assurance；Standards for Internal Control in the Federal Government［J］. The Federal Register／FIND，2024，89（124）：53624.

[22] Yan X . Research on the Impact of the New Government Accounting System on Financial Management［J］. Academic Journal of Business & Management，2023，5（20）：79-81.

[23] Xuan M . Enterprise accounting financial management and internal control strategy［J］. Financial Engineering and Risk Management，2023，6（5）：39-41.

[24] Shangxin T . Strengthening the Path of Internal Control Work in Enterprise Accounting and Financial Management［J］. Accounting and Corporate Management，2023，5（1）：27-41.

[25] Wang H . The Optimization of Overall Budget Management and Internal Control in Colleges and Universities［J］. Accounting and Corporate Management，2022，4（6）：79-81.

[26] Oyekunle O ，Aliyu A . Assessing the efficacy of employee training and internal

control system on financial management of small and medium scale enterprises in Nigeria [J]. African Journal of Economic and Management Studies, 2022, 13 (3): 366-384.

[27] Qian L. Internal Control Model of Enterprise Financial Management Based on Market Economy Environment [J]. Advances in Multimedia, 2022, 16 (2): 166-184.

[28] Hepworth N. Debate: Improving financial management and internal control in developing and transition economy countries within the European Union sphere of influence [J]. Public Money & Management, 2018, 38 (2): 80-82.

[29] Agyei-Mensah K B. Accountability and internal control in religious organisations: a study of Methodist church Ghana [J]. African J. of Accounting, Auditing and Finance, 2016, 5 (2): 95-112.

[30] Saputra M, Darwanis, Hutahaean M M S. The Effect of Financial Management Knowledge, Competence and Supervision Act of the Government's Internal Control Officer on the Quality of Government's Performance Accountability Report Evaluation [J]. Academic Journal of Economic Studies, 2016, 2 (2): 20-31.